海上絲綢之路基本文獻叢書

渤海國記

黃維翰 撰

文物出版社

圖書在版編目（CIP）數據

渤海國記 / 黄維翰撰. -- 北京 : 文物出版社,
2022.6
（海上絲綢之路基本文獻叢書）
ISBN 978-7-5010-7511-9

Ⅰ. ①渤… Ⅱ. ①黄… Ⅲ. ①渤海（古族名）—民族歷
史 Ⅳ. ①K289

中國版本圖書館 CIP 數據核字（2022）第 064958 號

海上絲綢之路基本文獻叢書
渤海國記

著　　者：黄維翰
策　　划：盛世博閱（北京）文化有限責任公司

封面設計：鞏榮彪
責任編輯：劉永海
責任印製：張　麗

出版發行：文物出版社
社　　址：北京市東城區東直門内北小街2號樓
郵　　編：100007
網　　址：http://www.wenwu.com
郵　　箱：web@wenwu.com
經　　銷：新華書店
印　　刷：北京旺都印務有限公司
開　　本：787mm×1092mm　1/16
印　　張：15.625
版　　次：2022年6月第1版
印　　次：2022年6月第1次印刷
書　　號：ISBN 978-7-5010-7511-9
定　　價：98.00圓

總緒

海上絲綢之路，一般意義上是指從秦漢至鴉片戰争前中國與世界進行政治、經濟、文化交流的海上通道，主要分爲經由黄海、東海的海路最終抵達日本列島及朝鮮半島的東海航綫和以徐聞、合浦、廣州、泉州爲起點通往東南亞及印度洋地區的南海航綫。

在中國古代文獻中，最早、最詳細記載『海上絲綢之路』航綫的是東漢班固的《漢書·地理志》，詳細記載了西漢黄門譯長率領應募者入海『齎黄金雜繒而往』之事，書中所出現的地理記載與東南亞地區相關，并與實際的地理狀况基本相符。

東漢後，中國進入魏晉南北朝長達三百多年的分裂割據時期，絲路上的交往也走向低谷。這一時期的絲路交往，以法顯的西行最爲著名。法顯作爲從陸路西行到印度，再由海路回國的第一人，根據親身經歷所寫的《佛國記》（又稱《法顯傳》）一書，詳細介紹了古代中亞和印度、巴基斯坦、斯里蘭卡等地的歷史及風土人情，是瞭解和研究海陸絲綢之路的珍貴歷史資料。

隨着隋唐的統一，中國經濟重心的南移，中國與西方交通以海路爲主，海上絲綢之路進入大發展時期。廣州成爲唐朝最大的海外貿易中心，朝廷設立市舶司，專門管理海外貿易。唐代著名的地理學家賈耽（七三〇～八〇五年）的《皇華四達記》記載了從廣州通往阿拉伯地區的海上交通『廣州通夷道』，詳述了從廣州港出發，經越南、馬來半島、蘇門答臘半島至印度、錫蘭，直至波斯灣沿岸各國的航綫及沿途地區的方位、名稱、島礁、山川、民俗等。譯經大師義净西行求法，將沿途見聞寫成著作《大唐西域求法高僧傳》，詳細記載了海上絲綢之路的發展變化，是我們瞭解絲綢之路不可多得的第一手資料。

宋代的造船技術和航海技術顯著提高，指南針廣泛應用於航海，中國商船的遠航能力大大提升。北宋徐兢的《宣和奉使高麗圖經》詳細記述了船舶製造、海洋地理和往來航綫，是研究宋代海外交通史、中朝友好關係史、中朝經濟文化交流史的重要文獻。南宋趙汝適《諸蕃志》記載，南海有五十三個國家和地區與南宋通商貿易，形成了通往日本、高麗、東南亞、印度、波斯、阿拉伯等地的『海上絲綢之路』。宋代爲了加强商貿往來，於北宋神宗元豐三年（一〇八〇年）頒佈了中國歷史上第一部海洋貿易管理條例《廣州市舶條法》，并稱爲宋代貿易管理的制度範本。

元朝在經濟上採用重商主義政策，鼓勵海外貿易，中國與歐洲的聯繫與交往非常頻繁，其中馬可・波羅、伊本・白圖泰等歐洲旅行家來到中國，留下了大量的旅行記，記録元代海上絲綢之路的盛况。元代的汪大淵兩次出海，撰寫出《島夷志略》一書，記録了二百多個國名和地名，其中不少首次見於中國著録，涉及的地理範圍東至菲律賓群島，西至非洲。這些都反映了元朝時中西經濟文化交流的豐富内容。

明、清政府先後多次實施海禁政策，海上絲綢之路的貿易逐漸衰落。但是從明永樂三年至明宣德八年的二十八年裏，鄭和率船隊七下西洋，先後到達的國家多達三十多個，在進行經貿交流的同時，也極大地促進了中外文化的交流，這些都詳見於《西洋蕃國志》《星槎勝覽》《瀛涯勝覽》等典籍中。

關於海上絲綢之路的文獻記述，除上述官員、學者、求法或傳教高僧以及旅行者的著作外，自《漢書》之後，歷代正史大都列有《地理志》《四夷傳》《西域傳》《外國傳》《蠻夷傳》《屬國傳》等篇章，加上唐宋以來衆多的典制類文獻、地方史志文獻，集中反映了歷代王朝對於周邊部族、政權以及西方世界的認識，都是關於海上絲綢之路的原始史料性文獻。

海上絲綢之路概念的形成，經歷了一個演變的過程。十九世紀七十年代德國地理學家費迪南・馮・李希霍芬（Ferdinad Von Richthofen，一八三三～一九〇五），在其《中國：親身旅行和研究成果》第三卷中首次把輸出中國絲綢的東西陸路稱爲『絲綢之路』。有『歐洲漢學泰斗』之稱的法國漢學家沙畹（Édouard Chavannes，一八六五～一九一八），在其一九〇三年著作的《西突厥史料》中提出『絲路有海陸兩道』，蘊涵了海上絲綢之路最初提法。迄今發現最早正式提出『海上絲綢之路』一詞的是日本考古學家三杉隆敏，他在一九六七年出版《中國瓷器之旅：探索海上的絲綢之路》中首次使用『海上絲綢之路』一詞；一九七九年三杉隆敏又出版了《海上絲綢之路》一書，其立意和出發點局限在東西方之間的陶瓷貿易與交流史。

二十世紀八十年代以來，在海外交通史研究中，『海上絲綢之路』一詞逐漸成爲中外學術界廣泛接受的概念。根據姚楠等人研究，饒宗頤先生是華人中最早提出『海上絲綢之路』的人，他的《海道之絲路與昆侖舶》正式提出『海上絲路』的稱謂。選堂先生評價海上絲綢之路是外交、貿易和文化交流作用的通道。此後，大陸學者馮蔚然在一九七八年編寫的《航運史話》中，使用『海上絲綢之路』一詞，這是迄今學界查到的中國大陸最早使用『海上絲綢之路』的人，更多地限於航海活動領域的考察。一九八〇年北京大學陳炎教授提出『海上絲綢之路』研究，并於一九八一年發表《略論海上絲綢之路》一文。他對海上絲綢之路的理解超越以往，且帶有濃厚的愛國主義思想。陳炎教授之後，從事研究海上絲綢之路的學者越來越多，尤其沿海港口城市向聯合國申請海上絲綢之路非物質文化遺産活動，將海上絲綢之路研究推向新高潮。另外，國家把建設『絲綢之路經濟帶』和『二十一世紀海上絲綢之路』作爲對外發展方針，將這一學術課題提升爲國家願景的高度，使海上絲綢之路形成超越學術進入政經層面的熱潮。

與海上絲綢之路學的萬千氣象相對應，海上絲綢之路文獻的整理工作仍顯滯後，遠遠跟不上突飛猛進的研究進展。二〇一八年厦門大學、中山大學等單位聯合發起『海上絲綢之路文獻集成』專案，尚在醞釀當中。我們不揣淺陋，深入調查，廣泛搜集，將有關海上絲綢之路的原始史料文獻和研究文獻，分爲風俗物産、雜史筆記、海防海事、典章檔案等六個類别，彙編成《海上絲綢之路歷史文化叢書》，於二〇二〇年影印出版。此輯面市以來，深受各大圖書館及相關研究者好評。爲讓更多的讀者親近古籍文獻，我們遴選出前編中的菁華，彙編成《海上絲綢之路基本文獻叢書》，以單行本影印出版，以饗讀者，以期爲讀者展現出一幅幅中外經濟文化交流的精美畫卷，爲海上絲綢之路的研究提供歷史借鑒，爲『二十一世紀海上絲綢之路』倡議構想的實踐做好歷史的詮釋和注脚，從而達到『以史爲鑒』『古爲今用』的目的。

凡例

一、本編注重史料的珍稀性，從《海上絲綢之路歷史文化叢書》中遴選出菁華，擬出版百册單行本。

二、本編所選之文獻，其編纂的年代下限至一九四九年。

三、本編排序無嚴格定式，所選之文獻篇幅以二百餘頁爲宜，以便讀者閱讀使用。

四、本編所選文獻，每種前皆注明版本、著者。

五、本編文獻皆爲影印，原始文本掃描之後經過修復處理，仍存原式，少數文獻由於原始底本欠佳，略有模糊之處，不影響閱讀使用。

六、本編原始底本非一時一地之出版物，原書裝幀、開本多有不同，本書彙編之後，統一爲十六開右翻本。

目録

渤海國記

渤海國記

三卷　附校録一卷

黄維翰　撰

民國間鉛印《遼海叢書》本

渤海國記自敘

渤海位青營二州間漢于其西南陸置渤海郡唐于其北陸建渤海國海旁出爲勃作渤非正文然後世沿用之渤海唐東荒大國也地方五千里置五京爲府十五爲州六十又二州各領縣數當倍蓰于州始唐武后聖曆二年己亥訖後唐明宗天成二年丁亥傳世十五六閱年二百二十有九典章制度規橅諸夏何其蔚然文也東荒諸國魋結蠻夷服土苴政教不能變其國俗自夫餘以下皆然處僻陋有大國風惟渤海耳渤海宜有史國既覆于契丹史遂亡契丹亦自安於夷者也唐志太和中幽州判官張建章有渤海國記三卷王應麟玉海紀渤海事轉引祇一則疑其書已亡近世滿洲震鈞有渤海國志朝鮮徐相雨有渤海疆域考震氏取材隘徐氏遺遼東地各有得失焉今網羅羣籍旁及海外史爲書三篇仍名曰渤海國記以示偏方覇國多歷年所蓋亦有不拔之道云己巳夏五月崇仁黃維翰

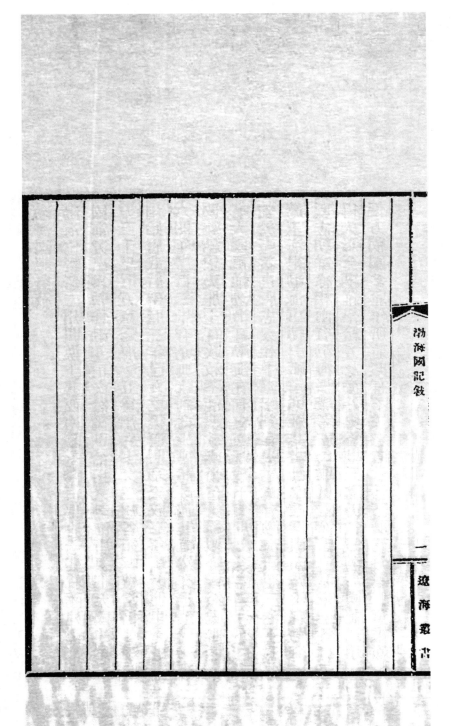

渤海國記目錄

渤海國記上篇

崇仁黃維翰申甫纂輯

國統

渤海者肅愼之苗裔也肅愼唐虞舊國北齊初猶與中國通後乃更稱靺鞨（肅愼朝貢中國訖于北齊天保五年癸未靺鞨朝貢中國始于北齊河清二年甲戌均見冊府元龜案癸未甲戌相距凡九年）或曰肅愼靺鞨實一國音轉之訛也（滿洲源流考）靺鞨部落凡數十據有肅愼故疆隋唐之際復居涑那河南北地粟末在那河南最強有勝兵數千數與高麗戰爭後乃臣屬之唐高宗總章初夷高麗爲郡縣粟末內附唐有高麗粟末北地人民而不能綏靖之也閱三十年而粟末勃興據高麗故地而王號其國曰渤海唐因授之其傳國世次猶可考也

震國公舍利乞乞仲象（舊唐書無傳新唐書有傳）姓大氏本粟末靺鞨（王溥五代會要舍利官乞乞仲象名震鈞渤海國志舍利姓至祚榮始稱大氏補注寬按震鈞謂改後冠姓更名亦妥）唐滅高麗仲象內

屬徙家營州武后萬歲通天年契丹降酋松漠都督李盡忠與其妻兄歸誠州刺史孫萬榮陷營州殺都督趙文翽唐師北討仲象乃與靺鞨首領乞四比羽率高麗餘衆東走分王高麗故地武后封仲象爲振國公乞四比羽爲許國公俱赦其罪比羽不受命詔忠酋榮相繼死唐遣左玉鈐衛將軍李楷固中郎將索仇擊斬乞四比羽是時仲象已卒子祚榮代領其衆徙營州封振國公二事舊書繫之大祚榮今從新書振國新書作震國今從冊府元龜及舊書分王高麗故地從五代會要李楷固東討新書未繫年舊書繫之李盡忠死之下案盡忠死于萬歲通天年之十月孫萬榮破冀州瀛州明年三月萬榮又敗詔遣總管王孝傑十七萬衆于東峽石進陷趙州六月萬榮爲其奴所殺萬榮未死時幽營道不通楷固之兵無緣引而東凡楷固契丹將也萬榮死來降狄仁傑請赦而用之新書契丹傳久視元年左玉鈐衛將軍李楷固討契丹破之則北擊斬乞四比羽及爲大祚榮所敗亦當在久視元年後非萬歲通天及神功也於紀元時事故繫于盡忠萬榮相繼死之後而仍不敢繫年志疑也

論曰勃海以粟末部建國粟末爲靺鞨七部之一其先則肅愼也與高麗之出于夫餘者源異而流自別五帝子孫有降居大荒東北經

者矣羅泌路史大庭氏之後有大氏粟末倘其苗裔歟李盡忠之陷營州也乞乞仲象乞四比羽當預其謀武后赦之且爵以上公欲離其交也蒙依所居之國楓爲世輕重與夫羈旅他邦錄錄無所短長者異矣

渤海太祖高王大祚榮（太祖之稱從渤四諡號從朝鮮歷史）驍勇善將兵頗知書契乞四比羽既死祚榮引殘衆遁去唐將李楷固窮追度天門嶺以迫祚榮祚榮因高麗靺鞨之衆以拒楷固楷固大敗脫身而還時突厥暴强數寇唐奚及契丹咸附之武后以渤海道遠未能討（五代會要也冊中稱府朝貝新唐書未載故不取）上距仲象東去營州僅五歲也王之六年唐中宗復辟遣侍御史張行岌來招慰令遣子入侍會契丹突厥寇邊使不達（冊府元龜卷一百七十一作招慰靺鞨渤海郡王大祚榮疑是時高王已自稱渤海王也）先是唐于靺鞨地置渤海都督十四年二月唐先天二年二月也玄宗遣郎將崔訢冊王爲渤海郡王授左驍衛員外大將軍以所統州爲忽汗州領忽汗州都

督[五代會要唐中宗號渤海郡曰忽汗州封渤海郡王疑中宗賜有是命使未達故玄宗補加冊命]自是始去靺鞨
號專稱渤海朝貢不絕是年遣王子入朝二十年卒時唐開元七年
三月丁酉也[新唐書玄宗紀]六月丁卯唐遣左監門率上柱國吳思謙攝鴻
臚卿持節充使弔祭贈王特進賜物五百段[冊府元龜祭高王卒于開元七年三月丁酉
王六月丁卯而唐遣使冊立弔祭相距四月爲日九十有餘凡後王冊立于五月以前者其嗣立均疑在前一年]國人謚曰
高王[新書凡謚均據新書新書無者則注所出]子武藝嗣自高王以降世襲渤海郡王
忽汗州都督皆有唐詔冊其謚則國人爲之非唐命
渤海武王大武藝初封桂婁郡王既嗣位唐賜典冊襲王併所領如
其父又加左金吾衛大將軍[唐會要日本史均有此官不詳何年月所加冊府元龜卷九百六十七又有
九姓燕然都督一官燕然府屬朔方部今不取]改年仁安[新唐書]渤海新君嗣位改年自武藝始
元年遣生徒六人入唐太學肄業[玉海]八月唐冊王嫡男大都利行爲
桂婁郡王[舊唐書]九月唐遣左驍衛郎將攝郎中張越來告討奚及契丹
以背恩義也六年使弟大昌勃價朝于唐七年使嫡男大都利行朝

均留宿衛八年唐封大昌勃價襲平縣開國男遣歸國並降書勞王賜綵練百匹（冊府元龜）是年遣寧遠將軍郎將高仁義聘於日本（日本史）九年四月大都利行卒唐以其喪來歸十年使弟大胡雅大琳相繼入朝唐留宿衛十一年使弟大郎雅入唐賀正五月又遣使獻海豹皮五貂鼠皮三馬瑙杯一馬三十匹十二年兩遣使朝（冊府元龜）先是唐置軍府于黑水靺鞨王怒黑水請唐官而不先告也使母弟大門藝將兵擊之門藝諫不聽懼禍奔唐王請門藝于唐使歸即戮不獲乃與唐絕語具人物篇十三年九月大將張文休浮海攻唐登州萊州殺唐登州刺史韋俊（冊府元龜作開元二十一年今從新舊書）進至馬都山唐將烏承玼窒要路塹以大石亙四百里師不得進乃還（新書烏承玼傳繫其事于武藝刺客入東都之下無攻登萊文韓愈烏氏廟碑渤海擾海上爲得其官詞從新舊書彼文則從韓文）唐命左領軍將軍葛福順（發舊本紀作蓋福順今從通鑑）援登州明年又遣大門藝發幽州兵太常卿金思蘭發新羅兵分道擊我屬山阻寒凍雪深丈餘士卒死者過半各引退

（舊書未繫年今從唐會要）十七年遣弟大蕃及李盡彦先後入朝唐主（玄宗）敕曰卿于昆季之間自相忿鬩門藝窮而歸我安得不容然處之西陲爲卿之故亦云不失頗謂得所何則卿地雖海曲常習華風至如兄友弟悌豈待訓習骨肉情深自所不忍門藝縱有過惡亦合容其改修卿遂請取東歸擬肆屠戮朕教天下以孝友豈復忍聞此事誠惜卿名行豈保護逃亡卿不知國恩遂爾背德所恃者遠非能有他朕比年含容優恤中土所未命將事亦時有卿能悔過輸誠轉禍爲福言則似順意尙執迷請殺門藝然後歸國是何言也觀卿表狀亦有忠誠可熟思之不容易爾今使內使往宣諭朕意一一並具口述使人李盡彦朕亦親有處分皆所知之秋冷卿及衙門首領百姓平安好並遣崔尋挹同往書指不多及集賢院學士張九齡之詞也（張曲江集）十八年八月使大首領多蒙固朝送還沒蕃唐人又嘗請縛送突厥使者以示忠誠唐主俱報之以書書具朝貢中國篇是年堯時唐開元二

十五年也（武王卒年舊書玄宗紀作開元二十六年渤海傳作二十五年冊府元龜作二十年通鑑作二十六年八月辛巳今從舊書渤海傳）謚武王葬西京（震鈞渤海國志光緒中有人于興京發地得碑乃渤海王大武藝墓碑余僅得其拓本係陽文隸書有渤海大興某年字武王葬西京也）王好用兵斥大土宇東北諸夷畏臣之子

欽茂嗣

渤海文王大欽茂嗣位唐遣內侍段守簡如渤海冊王爲渤海郡王仍嗣其父爲左驍衛大將軍（一作左金吾大將軍）忽汗州都督（依許）敕曰念卿亡父素勵誠節與善無徵俎至殂謝興言求往軫念良深卿是長男當襲父位宜全忠孝以繼前蹤今故遣使持節冊命兼申弔祭冊命文曰於戲王者宅中守在海外必立藩長以寧遐荒咨爾故渤海郡王嫡子大欽茂代承緒業早聞才幹昔在爾考忠于國家爰逮爾躬當茲負荷豈惟立嫡亦乃擇賢休問可嘉寵章宜及是用命爾爲渤海郡王爾往欽哉永爲藩屏長保忠信效節本朝作範殊俗可不美歟（唐玄宗文集）王拜命大赦境內改年大興遣使隨唐冊命使入朝貢貂鼠

皮千張乾文魚百口（冊府元龜事在開元二十六年閏八月）又遣使赴唐寫唐禮三國志晉書三十六國春秋（唐會要事在開元二十六年六月）自是數遣諸生入唐就學並通好新羅（朝鮮歷史）日本入唐大使平羣廣成自登州來假道歸國王遣若忽州（疑）都督忠武將軍胥要德雲麾將軍已珍蒙等護行且聘焉修舊好也二年遣優福子入唐謝恩唐授王特進太子詹事（唐會要作）（天寶中故係于此）日本使大伴犬養來報聘尋遣內雄等來學（日本史作三學問僧等）年唐以平盧節度使領押渤海黑水兩蕃使（新書方鎮表）十八年徙都上京直舊國三百里忽汗河之東（新書作天寶末故係於此）唐安祿山以范陽叛十九年平盧留後徐歸道遣果毅都尉行柳城縣兼四府經略判官張元澗來乞師王疑有姦留元澗不遣已而歸道鴆殺節度使劉正臣于北平叛附祿山安東都護王玄志討歸道斬之唐授玄志平盧節度使二十一年玄志遣將軍王進義來乞師且告國事始知肅宗還西京迎太上皇于蜀因遣使朝于唐（日本史唐係使係遜係王玄志見舊書劉正臣見新舊書）

劉恪倚正臣恪之大父也以內不言正臣之死新唐書敗范陽不克死合日本史觀之則正臣忠于唐不附于祿山者也日本使小野田守來聘二十二年遣輔國將軍木底州刺史兵署少正楊承慶答之二十三年遣楊芳度入唐賀正並送日本使高元度于唐迎入唐大使藤原淸河歸國日本史二十五年唐以渤海爲國冊王爲渤海國王進檢校太尉唐會要大歷中累拜司空太尉新唐書則繫于進封國之下今從之二十八年唐以淄靑節度押新羅渤海兩蕃使新書方鎮表案平盧軍本治營州自上元二年平盧節度使侯希逸引兵保靑州因號淄靑平盧節度安史之亂平盧道不通渤海朝貢皆道靑州與新羅同故改隸領番使凡番使至靑州以聞敕許入京乃遣官領以行三十五年遣靑綏大夫壹萬福聘于日本三十六年閏十一月賀唐王子盜修龍袞事覺辭曰慕中華文物唐代宗矜而捨之冊府元龜卷四十一三十九年遣獻可大夫司賓少令開國男史都蒙賀日本王登基並弔王妃之喪日本史日本光仁帝即位七年矣渤海兩遣使通好至此乃賀登極理不可曉日本曆后井上內親王以先一年卒王妃之喪疑指廢后言四十年正月獻日本舞女十一人及方物于唐舊書四十二年正月唐德宗即位閏五月詔罷我國及新羅歲貢

鶡鷄既至者所在放之一（冊府元龜卷一百六十八）四十九年東南徙都東京（新書貞元時朝鮮上世史貞元二年）五十四年遣使大常靖朝又遣王子大貞翰入宿衛五十七年王子大清允朝王事唐謹頻遣使朝獻或間歲一往或歲二三往（舊書）是年三月四日薨（新書叙欽茂事至貞元時徙東京止舊書叙至貞元十年正月王子大清允來朝止卒之月日俱未詳今從日本史大寫類遺日本書）時唐德宗貞元十年也謚曰文王王假武修文國境太平人民謳歌之（朝鮮歷史）嫡子宏臨早死族弟元義立（新書）

論曰渤海建國高王荒之武王疆之疑至文王欽茂始康之也先時朝于唐者有拂涅越喜鐵利靺鞨諸稱欽茂之世無之則府州之制立也先時朝于唐者稱首領或稱大首領欽茂之世則稱使或署官則秩官之制立也王者之制莫大于體國經野設官分職欽茂享國歷年多能法諸夏以新其國國人謚之曰文其以此夫

渤海王大元義（舊書冊府元龜均無新書有）以文王欽茂族弟繼立猜虐國人弑之推文王之孫華璵爲王（新書元義立一歲被弑朝鮮歷史渤海王統表作國人殺之不言立一歲）

渤海成王大華璵舊唐冊府元龜均無新唐有文王欽茂之孫父宏臨早死既嗣位復還都上京改年中興數月薨謚曰成王弟嵩璘嗣新唐書在位久暫無文

今從朝鮮歷史渤海王統表

論曰文王喪嫡子諸孫華璵嵩璘具在元義以族弟主國何欺文王薨于甲戌歲三月唐以乙亥歲二月冊嵩璘爲王嵩璘嗣立之歲即文王薨之歲乃中間有元義華璵二代華璵復徙上京又何其多故而舉廢也且嵩璘貽日皇書既稱緩告而未質言之可疑滋甚故存元義華璵之名而刊其年以俟後之君子考正焉

渤海康王大嵩璘文王欽茂孫也嵩璘新唐作嵩鄰舊唐德宗紀作嵩本傳作嵩璘今從舊唐本傳冊府元龜日本史作欽茂孫舊唐作欽茂子新唐作欽茂少子日本史嵩璘啓稱文王爲祖大行大王自稱孤孫文義甚明故從之既嗣立改元正曆元年乙亥二月乙卯唐遣内常侍殷志贍冊王爲渤海郡王左驍衛大將軍忽汗州都督舊唐德宗紀玉海引唐實錄作貞元十一年二月乙丑冊命案乙卯在二月中旬乙丑在二月下旬新唐作右驍衛大將軍遣廷諫大夫工部郎中呂定琳聘于

日本告喪告即位也凡國王之喪嗣王遣使告哀告嗣位于天子及鄰國禮也王以祖欽茂唐寶應初進封渤海國王而已所授仍爲郡王遣使叙理四年三月唐冊命王銀青光祿大夫檢校司空進封渤海國王案欽茂開元中襲父位爲郡王寶應元年進封國王及嵩璘襲位但授郡王將軍而已嵩璘遣使叙理貞在郡王國王之別再加冊命者進之爲國王也而新舊書與唐會要均作進封渤海郡王仍爲郡王不得言進封今從冊府元龜日本遣使來聘並敕能登國建客院禮接渤海使史日本十一年五月唐加王金紫光祿大夫檢校司徒加金紫光祿大夫從舊書本傳加檢校司徒從舊書順宗紀及冊府元龜明年十月進王檢校太尉舊書王承文王之後文弱不自振謹職貢于中國亦善事日本十三年薨時唐憲宗元和三年也按冊府元龜職貢門元和四年嵩璘卒封冊門又云元和四年正月以嵩璘男元瑜爲渤海國王與舊書同今從其同者故作薨于元和三年謚康王子元瑜嗣

渤海定王大元瑜嗣立改年永德元年正月唐遣中官元文正爲弔祭冊立使授王銀青光祿大夫檢校祕書監忽汗州都督依前渤海國王唐會要元瑜冊命在元和元年今從舊書及冊府元龜秋七月日本使林東人來使高才

南朝于唐二年又使王子大延眞朝四年薨時元和七年也諡定王弟言義立

渤海僖王大言義定王長弟也定王薨權知國務改年朱雀元年正月庚午唐遣內侍李重旻冊爲渤海國王授銀青光祿大夫檢校祕書監領忽汗州都督（舊書憲宗紀）使王子朝二年使高進禮朝進金銀佛像各一（高進禮以元和九年正月至唐當舜容據所遣故係于王之二年）三年再朝四年薨時元和十一年也（新書有言義弟明忠一代故係言義之薨于是年）諡僖王弟明忠嗣

渤海簡王大明忠（唐書冊府元龜均無新書有）改年太始立一歲薨（朝鮮歷史立半年卒今從）（新書）諡簡王從父仁秀知國務（新書）

渤海宣王大仁秀高王祚榮弟野勃之四世孫也明忠薨以權知國務嗣立遣使李繼常等朝于唐且告哀（舊書渤海告哀于唐始著此前後各王無文史略之）王卒遣使告哀天子天子遣使弔祭而冊立其嗣王禮也改年建興元年戊戌五月辛丑唐授王銀青光祿大夫檢校祕書監忽汗州都

督冊爲渤海國王（冊府元龜冊命在元和十三年四月今從舊唐書憲宗紀作十三年五月）二年使李承英聘于日本（日本史）三年閏正月唐加王金紫光祿大夫檢校司空七月唐分淄青齊登萊五州爲平盧軍以平盧節度仍押新羅渤海兩蕃使（舊唐書穆宗紀及薛平傳）六年遣大聰叡五十人入唐備宿衛王在位朝貢于唐者十聘日本者六自康王大嵩璘以來狃于文治國勢衰弱王南略新羅北討海北諸國開拓境宇號稱中興（唐書作仁秀討伐海北諸國開大境宇遼史地理志唐元和中渤海大仁秀南定新羅北略諸部開置郡縣遂雜數朝獻遼史大仁秀南略新羅邊境北滅越喜收裝鐵利率賓拂涅諸國又論淥水都下海北諸部國勢中興今約三傳文意爲之）十三年（庚戌）薨時唐文宗太和四年也（新書）謚宣王孫彝震嗣

渤海王大彝震宣王大仁秀孫也父德新蚤死宣王薨王以權知國務嗣位改年咸和渤海新君未踰年改年自彝震始也（新書彝震立改年咸和明年加冊命）二年正月己丑唐授銀青光祿大夫檢校祕書監忽汗州都督冊爲渤海國王（舊唐書）王改建宮闕擬唐制（遼史地理志）三年遣王子大明俊

朝唐唐使內養王宗禹歸國言渤海置左右神策軍左右三軍一百二十司畫圖以進舊書文宗紀案王宗禹當即冊命使也四年正月同中書右平章事高寶英朝唐謝冊命並遣學生入學先遣學生事業稍成請准遞乘歸本國唐帝從之冊府元龜尋遣王子大昌輝等朝于唐年無考文宗與王書曰敕渤海王大彝震王子大昌輝等自省表陳賀並進奉事具悉卿代襲忠貞器資仁厚遵禮義而封部仁樂持法度而渤海晏寧遠慕華風非修誠節梯航萬里任土之貢獻俱來夙夜一心朝天之禮儀克備龍庭必會鯷域何遙言念嘉猷豈忘寤歎勉弘敎義常奉恩榮今因王子大昌輝等回國賜卿及信物至宜領之妃及副王長史平章事各有賜物具如別錄封敖集十一年遣使如唐貢火玉三斗及松風石壽叉貢馬瑙櫃紫瓷盆皆珍物也具物產篇火玉松風石武宗會昌元年貢攷馬瑙櫃紫瓷盆亦武宗時事新舊書冊府元龜皆遺之今從蘇鶚杜陽雜編補原文火玉松風石俱夫餘國所貢非注云夫餘見遼東夾作夫餘是時定屬渤海也故改作渤海二十八年丁丑虔晃時唐玄宗大中十一年也謚無

攷弟虔晃嗣立

渤海王大虔晃（冊府元龜無舊唐書本傳無宣宗紀有新唐書本傳有）以王彝震弟權知國務嗣立改年未詳元年二月唐授王銀青光祿大夫檢校祕書監忽汗州都督冊爲渤海國王（舊唐書宣宗紀）王于咸通中三朝獻（新唐書有咸通中三朝獻之文不許虔晃也）又再通使日本十二年卒（朝鮮史年表）時懿宗咸通十年也謚無攷

渤海景王大玄錫（舊唐書冊府元龜無新唐書日本史朝鮮史有景王謚從朝鮮歷史年表）繼王虔晃嗣立疑虔晃孫也（日本史玄錫附有繼先嗣遺烈語）改年未詳（朝鮮史年表元年庚寅）二年遣政堂省左允楊成規聘于日本四年入唐賀平徐州使繼宗佐自日本放還（日本史宋通鑑唐紀龐勛據徐州叛咸通十年己丑八月不之渤海賀使癸巳歲渠至日本上距平徐州四年矣）十三年（壬辰）遣文籍院少監裴頲聘于日本頲高才有風儀日皇禮敬之與于他使具人物篇二十二年新羅弓裔叛略北原東部十餘郡縣自是渤海東南邊事日棘王之所以固其圉者史無明文也卒年未詳謚景王（朝鮮史年表在位三十一年庚申則唐昭宗光化三年也）

渤海王大瑋瑎（新書冊府元龜五代會要文獻通考日本史朝鮮史皆無唐會要有）唐會要曰乾寧二年十月賜渤海王大瑋瑎敕書翰林稱加官合是中書撰書意諮報中書瑋瑎繼大玄錫嗣王未審玄錫親疏屬其立卒年事實均不詳

渤海哀王大諲譔（新舊書均無冊府元龜五代會要遼史日本史有）繼大瑋瑎嗣王未審瑋瑎親疏屬改年未詳梁太祖開平元年始見（冊府元龜）朝鮮史年表謂嗣立于唐昭宗改元天復之歲則是元年太歲辛酉也王庸闇統御失宜不能理其國初嗣位遣使如新羅修好（五代會要）契丹夷離堇轄底挈其二子來奔尋復亡去（遼史）于時阿保機爲契丹大迭烈府夷離堇專征討數侵我西南邊（遼史天贊紀太祖攻東京力戰二十餘年乃得之王故遼東行部志契丹興渤海血戰數十年乃滅其國大諲譔嗣位時即被兵故繫于此）四年新羅弓裔稱帝五年弓裔攻我南鄙邊將尹暄以鶻巖城附之王怒使將軍達姑狄盛兵攻新羅登州大敗喪其師邊將高子羅復叛（朝鮮歷史）自是失鴨淥江以南地七年阿保機

稱帝陷我鐵利府及東平寨（遼史食貨志作神冊初以長城之役殺之爲阿保機稱帝初年事也故繫于此）改東平寨曰鎮東軍（遼史地理志）四月唐朱温建國號曰梁改元開平八年契丹築長城于鎮東海口（遼史太祖紀）王遣使聘于梁十八年遣使聘于契丹契丹陷我顯德東平二府改顯德爲遼陽府東平爲遼州（遼史地理志太祖伐渤海先破東平府本紀神冊三年幸遼陽故城故均繫于是年）十九年契丹修遼陽府以逼我二十三年十月晉王李存勗滅梁建國號曰唐二十四年遣王子大禹謨王姪大元讓相繼聘于唐襲殺契丹遼州刺史張秀實二十五年契丹攻我遼東無功而還二十六年閏十二月契丹主阿保機大舉入寇圍我扶餘府城二十七年（丁亥）正月二日庚申扶餘城陷守將死之王使老相赴援途遇契丹安端蕭阿古只先鋒騎兵敗績上京被圍明日契丹主駐軍城南王素服槀索牽牛率僚屬三百人出降阿保機優禮釋之尋遣近侍康末怛十三人入城索兵器爲邏卒所戕阿保機復攻城城陷王請罪馬前阿保機以兵衛王及族屬以

出更渤海為東丹國忽汗城曰天福城冊其長子倍為人皇王鎮之渤海諸府州有拒命者次第平定秋七月遂遷王族于臨潢築城居之賜王名曰烏魯古王之妃曰阿里只（遼史太祖紀）烏魯古阿里只者阿保機與后述律氏受王降時所乘二馬名也因以為王夫婦名（遼史語解）

卒年無考諡哀王（朝鮮史年表）

論曰渤海世次新舊唐書冊府元龜異文大瑋瑎一世惟見唐會要他書俱闕自乞乞仲象迄大諲譔盡傳十有六世矣唐代諸蕃莫強于突厥回鶻吐蕃歷年久遠莫過于契丹然世次亟滅多內亂分崩離析渤海國于忽汗海父子相傳或兄終弟及未聞有冒頓五單于篡弒爭立已事雖夷狄也吾欲進之于中國矣

種族

渤海以粟末靺鞨部建國而兼有朝鮮濊貊沃沮夫餘高麗弁韓挹婁鐵利拂涅越喜汨咄安居骨諸國部種族

粟末部與挹婁鐵利拂涅越喜汨咄安居骨俱爲靺鞨諸部之一其先同出于肅愼氏

朝鮮前王箕子殷人傳四十餘世（三國魏志濊傳）後王衛滿燕人其人民有眞番朝鮮蠻夷及燕齊亡人（漢書朝鮮傳）趙亡人（三國魏志濊傳）

濊貊人民爲周初海東諸夷之一（周書成王之命解原文作穢貃文作貊）或曰北方豸種（說文）而自謂與句驪同種（後漢書濊傳）

沃沮人民言語飲食居處衣服有似句驪（後漢書東沃沮傳）疑亦句驪同種

夫餘人民爲周初海東諸夷之一（周書成王之命解）其後雖有濊貊人建國于其地故也有高麗人地相接故也

高麗人民爲周初海東諸夷之一（周書成王之命解）朱蒙建國以後多中國人有被俘者（後漢書高句驪傳遼歲寇鈔掠略小民動以千數）有來奔者（北史燕王馮弘率其城內士女入于高驪隋書兵部侍郎斛斯政亡入高驪）有流入者（北史北齊文宣帝使崔柳使于高驪求魏末流人柳以五千戶反命）亦有肅愼扶餘宇文契丹種人（朝鮮史西川王十一年拔肅愼檀城遷六百餘家于夫餘南烏川陸部落六七

所以爲附庸又文咨明王三年夫餘王及妻孥以國來降魏書宇文傳逸豆歸亦高麗北史契丹傳以萬家寄於高麗

弁韓東漢以後爲百濟國雖有新羅高麗倭等亦有中國人北史

濊元朔三年濊君南閭等率二十八萬口詣遼東內屬後漢書濊傳疑合

朝鮮沃沮言濊貊無此衆也三國時夫餘戶八萬高句驪三萬東沃

沮五千濊二萬北魏時高麗人戶參倍于前北史高麗傳隋時粟末部勝

兵數千伯咄部勝兵七千安居骨部拂涅部勝兵並不過三千隋書靺鞨傳

唐初高麗戶六十九萬百濟戶七十六萬新唐書渤海建國夫餘沃

沮濊貊人戶宜盡屬之高麗百濟戶來屬數不可考舊唐書渤海編

戶十餘萬勝兵數萬新書同五代會要渤海勝兵丁戶四十餘萬遼

史渤海兵數十萬

渤海王姓大氏世君之國故大氏多顯官宋羅泌路史大庭氏之後有大氏晉書慕容廆傳宇文屈雲別帥大素延攻廆于棘城冊府元龜晉懷帝封鮮卑別帥大單涉大屈發兄弟爲親晉王北史大沮渠蒙遜傳匈奴有沮渠官蒙遜之先爲此職羌之酋豪曰大故以官爲氏以大冠之大氏之見于籍記多矣渤海大氏出自中國出自宇文鮮卑或羌抑託始于乞乞

仲象父子俱不可考五代會要曰大舍利乞乞仲象者舍利官名大爲氏則與北史靑大汎渠發遐同幾大氏世爲渤海王故大氏冠于他族如大常端大聚賢等不勝皆也發鈞渤海國志仲象本姓舍利王祚榮始稱大氏舍利女與語泉水也大者女真語尊長之稱訛爲平壤索倫語則爲都一音之轉今滿洲姓有赫舍里氏或爲大氏之族乎　案赫舍里氏金史爲紇石烈氏

大諲譔子光顯奔高麗故姓王氏詳人物諸王子篇

右姓六松漠紀聞曰高氏高句驪王國姓也有入唐使同平章事高英等發志高氏爲遼東望族滿洲漢軍皆有之其初則出于渤海或曰高麗王朱蒙後也入滿洲爲高佳氏滿洲姓凡曰佳者其雜同家蓋譯音也張氏大將張文休發志滿洲有章佳氏楊氏入唐使楊汸度楊吉福等發志滿洲有楊佳氏竇氏烏氏發志滿洲有烏札氏渤海亡遺民皆據地自立通宋而拒契丹定安烏惹二國王皆烏姓也詳遺民篇李氏入唐使李盛彥李繼常等發志滿洲有李佳氏

庶姓著見者有任氏武王武藝別任雅相發志滿洲有任佳氏賀氏入唐使賀祚慶入日本使政堂省左允賀福延發志滿洲有赫佳氏王氏入日本使政堂左允王新福公氏入唐使公伯計發志滿洲有恭佳氏周氏入日本副使周元伯裴氏入日本使文籍院少監裴頲入唐使守和部少卿裴璆發志滿洲有培佳氏呂氏入日本使工部郎中呂定琳辛氏入唐使辛文德申氏將軍申德後奔高麗發志滿洲有申佳氏茹氏入唐使茹富仇崔氏入唐使崔宗佐

殿中少令崔禮光發志滿洲有崔佳氏馬氏入唐使馬文軌發志滿洲有馬佳氏與費莫氏同族葸氏入唐使葸勿雅己氏入日本使雲麾將軍己珍蒙慕氏入日本使輔國大將軍慕施蒙史氏入日本使司賓少令開國男史都蒙劉氏入唐學生劉寶俊朱氏入唐學生朱承朝茹氏入唐使都督茹富仇吳氏工部尚書吳興後年高賢趙氏入唐學生趙孝明徐氏徐昂以治天將名平氏入後唐使平審列氏入後唐使列周義文氏入後唐使文成角發志滿洲有文扎氏梁氏渤海人梁顯玲金太和郡論其郡人夏氏太保及行美又有衛氏疑朝鮮王族史記朝鮮王滿燕人衛姓渤海有鐵州刺史衛鈞金氏朴氏疑新羅王族大原利武朝鮮史表新羅國朴氏十王金氏十八王唐書新羅傳其王亦金姓也渤海有檢校開國男朴漁作高燈燕氏解氏木氏則百濟大姓北史百濟八大姓燕氏解氏木氏渤海燕頗以黃龍府叛遼又有入唐學生解楚卿入唐使木智貞發志滿洲有穆佳氏

合之王族右姓凡四十姓

奴婢無姓者則從其主松漠紀聞

論曰渤海起靺鞨靺鞨諸部各有長酋時未能統一也益之以朝鮮夫餘高麗濊貊沃沮諸國遺民言語不相通也飲食衣服居處不同俗也剛柔殊其性而燥濕險夷異其地也欲以政刑道齊之雖盛王

有所不能漢置蒼海眞番諸郡尋即廢徙唐置安東都護于府平壤十餘年而徙之遼東有司不能理民亦不受理也故唐以後邊外州郡例羈縻之渤海所屬國部種族衆矣其長駕遠馭之略因俗適時之道必有大過人者不然何以內外維繫根蟠枝互歷二百餘年而不之解也渤海雖亡而遼金元明之世其人與族恒見于載籍而優視之與外史之稱秦人漢人唐人相耦惜乎僅以材武見也夫天地不仁以萬物爲芻狗雖材武者無以遠之矣

禮俗

國人謂王曰可毒夫面對曰聖主牋表稱基下父曰老王母曰太妃妻曰貴妃長子曰副王諸子曰王子（案新唐書無面對二字冊府元龜可毒夫作可毒大五代會要作可毒失而俱有面對二字有者是憺夫大失三字未審應作何字）王之命爲教上書于唐有奏有表狀致日本國書曰啓中臺省致日本太政官書曰牒

渤海諸王皆右文初建國即有文字書契文王嗣位遣使入唐寫唐禮三國志晉書三十六國春秋（冊府元龜）渤海王數遣諸生詣京師習識古今制度（玉海）遂爲海東盛國（新唐書）武王文王及大彝震皆大度兒大玄錫俱遣諸生肄業唐太學（朝鮮史略）不忝書武王所遣生大入開元三年二月抵京師（玉海）大彝震所遣生咸和四年歸國者三人[illegible]居正朱承朝高壽海同年隨謝冊命使至者三人解楚卿趙孝明劉寶俊（唐會要）咸和八年隨王子大明俊詣唐學生十六人唐敕青州觀察使放六人到上都餘人勒回本國（唐會要）大光晟大元謙（[illegible]）高元固等號爲碩學[illegible]天曆傳授日本宣明曆大衍之以讓名（[illegible]）裴頲及其子璆以[illegible]著名（日本史）渤海王出入有乘輿羽衛遼時猶存謂之渤海仗天顯四年太宗幸遼陽府入皇王備乘輿羽衛以迎乾亨五年聖宗東巡東京留守具

儀衛迎車駕此故渤海儀衛也遼史

渤海有文字禮樂金史太祖紀文王時己珍蒙聘于日本日皇御中閣門己珍蒙奏本國樂女眞建國有雅樂有散樂有渤海樂有本國舊音泰和初有司奏太常工人數少以渤海漢人教坊及大興府樂人兼習以備用金史樂志

官民歲時聚會作樂先命善歌舞者數輩前行士女相隨更相唱和回旋宛轉號曰踏鎚王寂上封事

國都有毬馬之會大諲譔初年契丹夷離堇轄底挈其二子迭里特朔括來奔轄底黠而辨偽爲失明後因會與二子各乘良馬亡歸遼史轄底傳

渤海既亡契丹遷忽汗州遺民于東京以擊毬爲禁蕭孝忠爲東京留守疏言東京重鎭無從禽之地若非毬馬何以習武天子以四海爲家何分彼此宜弛其禁遼主從之遼史蕭孝忠傳

民知稼穡地苦寒不宜水田（日本史）

所居屋皆就山牆開門（王[illegible]上[illegible]）

男子多謀略驍勇出他國右諺曰三人渤海當一虎（契丹國志）

婦人皆悍妬大抵與他姓相結爲十姊妹迭幾察其夫不容側室及他遊聞則必謀寘毒死其所愛一夫有所犯妻不覺則九人聚而詬之爭以忌嫉相誇故契丹女眞諸國皆有女倡而其良人皆有小婦侍婢唯渤海無之（松漠紀聞）

男女婚娶多不以禮必先攘竊以奔至金世宗詔禁絶之犯者以姦論（金史世宗紀）

婦女拜而不跪自武后時始（王[illegible]）

俗信佛唐開元四年渤海王子朝謝入寺禮拜唐許之渤海信佛之始

日本孝[illegible]爲日本安倍吉人[illegible]

篇

識渤海富室安居逾二百年往往爲園池植牡丹多至二三百本有
數十幹叢生者皆燕地所無契丹國志案此遼時渤海人言之
論曰東方者陽之所出也故其人文柔而好生朝鮮高麗諸國以之
北方積陰之所凝也故其人武健而耆殺匈奴契丹諸國以之渤海
國于東北有高麗故地而西與契丹接壤故風俗與二國略同夫勁
悍喜戰鬬習鞍騁本性而能範之以禮陶之以樂澤之以詩書使爲
國成爲風俗高武文宣諸王貽謀遠矣

渤海國記上篇

渤海國記中篇

崇仁黃維翰申甫纂輯

地理

上京龍泉府故肅愼地直渤海舊國三百里忽汗河之東西南至安東都護府千五百里（新唐書賈耽道里記案賈氏原文安東都護府治遼東即今遼陽州）文王大興十八年都焉（新唐書作天寶末）四十九年東南徙東京（新唐書貞元時朝鮮上世史貞元二年）成王中興元年復還都上京（以上據新唐書）大彝震改建宮闕擬唐制（遼史地理志）城臨忽汗海其西南三十里有肅愼城北經德理鎭至南黑水靺鞨千里（賈耽道里記）金滅遼設都于此（明一統志）清于其北偏東建寧古塔城（清一統志渤海上京在寧古塔東南丁謙史地考證肅愼古城在寧古塔西南八十五里上馬蓮河畔遺址尚存）宣統初隸寧安府民國隸寧安縣寧安府縣俱治寧古塔城忽汗河即今東寧之呼爾哈河字異而音相近上游有鏡泊湖論者謂即忽汗海湖東北數里有城今圖名曰東京城論者疑即上京龍泉府（鏡泊湖一名畢爾騰湖上游自額穆縣來）

（東京湖枋圓形寬二十里袤約七十里自東京城北至東寧約四十里其下流曰牡丹江自東寧北流至依蘭縣入松花江約緯線二度又三分度之一）地當東經一百二十九度緯四十四度遼史以忽汗州即

高麗平壤地又號中京顯德府詎今圖所謂東京城者故有平壤之

稱耶然龍泉顯德各爲一京混而同之又何也龍泉府領州三（府轄今廢）

龍州　縣有富利　長平

湖州

渤州　縣有貢珍

案遼太祖以天顯元年正月收上京改渤海爲東丹封其長

子倍爲人皇王領之八月太祖薨于扶餘府而堯骨以次子

襲嗣位是爲太宗東丹王奔赴被留不得返國東丹右次相

耶律羽之請徙其國于梁水太宗從之自是棄上京不復疆

理而女直遂據其地卒于覆遼上京龍泉府所領三州龍州

屬縣長平之民遷于臨潢西北名曰長霸縣富利縣之民遷

于臨潢南名曰保和縣渤州屬縣貢珍之民遷于遼東名仍舊又有扶餘縣亦隸龍泉府不知所屬州其民遷于臨潢之懷州世宗時置縣仍舊名

中京顯德府初爲顯州新書地理志後陞爲府肅愼故地新書渤海傳渤海京府州新書俱云肅愼故地承上文言者則不當避詞複也北直上京三百里新書渤海高武二王俱都此賈耽道里記至文王十八年乃徙上京故新書謂之舊國賈耽言自鴨淥江舟行百餘里乃小舫溯流東北三十里至泊汋口得渤海之境又溯流五百里至丸都縣城故高麗王都又東北溯流二百里至神州又陸行四百里至顯州天寶中渤海王都夫鴨淥大川也行百餘里而改乘小舫者蓋溯今奉天桓仁通化兩縣間之渾江東北行也神州當在今通化境顯德府當在今吉林之敦化縣奉天之安圖間丁謙氏謂敦化縣東二里鄂多里古城即其地也賈耽道里記自鴨淥江口舟行百餘里乃小舫溯流東北三十里至泊汋口得渤海之境又溯流五百里至丸都城故高麗王都又東北溯流二百里至神州又陸行四百里至顯州天

賣中渤海王所都丁[illegible]渤海[illegible]山東北與史河南今[illegible]化[illegible]亦起于此

府領州六[illegible]

盧州縣四　山陽　杉盧　白巖　[illegible]

（攻之[illegible]）

顯州縣有長寧[illegible]

[illegible]仍[illegible]縣

鐵州（遼史安市縣高麗安市城遼道州廢）縣四　位城　河端　蒼山　龍珍（遼志東京）

湯州縣五　靈峯　常豐　白石　均谷　嘉利（遼志東京道湯州）

榮州縣三　崇山　溈水　綠城（遼志東京道[illegible]州[illegible]）

興州縣三　盛吉　蒜山　鐵山（遼志東京道興州）

案遼史天顯元年太祖克上京七月丙辰鐵州刺史衛鈞反

乙丑堯竹拔鐵州

遼志東京盧州玄德軍在京東一百三十里鐵州在京西南六十里湯州在京西北一百里崇州在京東北一百五十里興州在京西南一百里顯州在醫巫閭山東南蓋取渤海州名以名之而非渤海諸州故地也聖宗統和三年置乾州廣德軍有靈山縣本渤海靈峯縣未審與湯州之靈峯是否一地同年又置貴德州寧遠軍有貴德縣渤海爲崇山縣未審與榮州崇山是否一地有奉德縣本渤海緣城縣地營置奉

德州

東京龍原府在上京東南濊貊故地當作沃沮故地徐相雨渤海疆域考此本沃沮故地而曰濊貊故地者沃沮在北濊貊在南壤地相接相錯以致于混稱歟書曰華夏蠻貊罔不率俾中庸施及蠻貊按夫餘有貊城其王印曰濊王之印是濊貊故地在周秦之際甚廣孟子亦有大貊小貊之文蓋與中國通久矣一曰柵城府案柵城之名漢魏即有之金富軾三國史記高句麗王宮四十六年王東巡柵城時後漢和帝永元十年也又曰高句麗王位宮二十一年漢平州人夏瑤以百姓千餘

家來投安設柵城時後漢獻帝建安二十二年也魏書遼東南一千餘里東至柵城日本道也新書本傳疊石爲城周圍二十里唐薛仁貴征高麗與其大將溫沙門戰熊山禽善射者于石城即此有宮殿遼史地理志文王大興四十八年自上京東南徙都焉新書貞元時朝貢上世史貞元二年成王中興元年復還上京新書本傳東濱海與日本蝦夷及陸奧出羽能登加賀諸國隔海相望故渤海聘使海行遭風往往漂至諸地日本史具交聘日本傳西至遼一千餘里魏非南至新羅非泉郡三十九驛古今郡國志徐氏渤城考非泉郡今之德原郡也自此北行三十九驛計爲一千一百七十里府制三十里置一驛案德原郡今屬高麗咸鏡南道與元山港相近地當東經一百三十度緯四十二度之交今吉林之延吉縣高麗咸鏡北道之富寧會寧慶源鏡城穩城鍾城各府郡皆其地也領州四新書

慶州本高麗地遼上京有慶州與此無涉縣六　龍原本高麗　永安　烏山

壁谷　熊山　白楊遼志東京道開州

鹽州一曰龍河郡縣四　海陽　接海　格州　龍河遼志東京道開州屬

涑州

穆州一曰會農郡縣四　會農　水岐　順化　美縣遼志東京道開州屬

穆州

賀州一曰吉理府縣四　洪賀　送誠　吉理　石山遼志東京道賀州

案遼志遼初棄東京未設官聖宗東伐高麗乃置開州鎮國軍節度領穆賀三州仍渤海舊名縣一曰開遠以慶州龍原縣改也穆州屬縣一曰會農亦仍渤海舊名聖宗置宗州熊山縣未審與慶州熊山是否一地

南京南海府沃沮故地新書漢武帝元封二年伐朝鮮以沃沮城爲玄菟郡後徙郡于句麗西北改屬樂浪魏隋之際爲高句麗所有渤海置南海府徐氏疆域考南海之稱昉于句麗三國史記太祖王宮六十二年八月巡狩南海盡東北地形左海右陸自梁龍江沿海西南至土們江又沿海西南至咸興府之都連浦漸近漸西在寧古塔等地視之我國咸鏡道之海正在南方故以南海稱之也案高麗王宮六十二年爲漢安帝永初元年號南京通新羅道也新書徐氏疆域考咸鏡道南界即井泉郡是

（爲新羅界處故謂之新羅道）亦爲通日本之道有吐号浦（日本史徐氏鼒城考作吐号浦）爲船

舶寄碇所俯在鴨淥江之南東濱海南與新羅接當東經一百二十

八九度緯四十度至四十一度之交今高麗咸鏡南道之北青利原

洪原新興各府以北是其地也而遼史以海州南海軍當之則今奉

天海城縣矣殊誤（丁氏地理考證謂在圖們江口之慶興府亦誤）領州三（新唐）

沃州　縣六　沃沮　鷲嶺　龍山　濱海　昇平　靈泉（遼志）

（東京道海州）

晴州　縣五　天晴　神陽　蓮池　狼山　仙巖（遼志東京道海州屬）

（嬪州）

椒州　縣五　椒山　貂嶺　澌泉　尖山　巖淵（遼志東京道海州屬）

（纈州）

案遼史天顯元年正月太祖克上京二月南海府來朝五月

辛酉叛堯骨討之六月丁酉平然未能有其地也後置海州

南海軍雖蒙南海之名而東距渤海之南海府殆千里矣

西京鴨淥府高麗故地朝貢道也新書徐氏疆域考渤海朝貢道路必由鴨江口舟船達于登州海口故稱之以朝貢道也案朝貢既朝鮮之誤箕子王滿之王朝鮮皆都平壤而平壤于時爲渤海屬境故曰朝鮮道東北接龍原府東南接南海府北接顯德府西接闕南接新羅以浿江爲界有鴨淥江浿江沸流江古城有泊汋城故漢安平縣有國內城有丸都皆故高麗王都新書地理志引賈耽道里記安東都護府南至鴨淥江北泊汋城七百里故安平縣也又曰自鴨淥江口舟行百餘里乃小舫泝流東北三十里至泊汋口得渤海之境又泝流五百里至丸都城故高麗王都又東北泝流二百里至神州又陸行四百里至顯州泊汋口清統志在九連城東北安平河口丸都高麗山上王始都之渤海爲縣三國史記琉璃王遷都國內築尉那巖城唐李勣呈報目錄鴨淥江已降城十一其一曰國內地地當東經一百二十四六度緯四十度四十一度之交今鴨淥江以北奉天所屬各縣江以南至于浿江是其地也神桓二州置于鴨淥江之北豐州當置于今平安北道正州置于平安南道領州四

神州北至中京顯德府四百里西南至丸都縣二百里自鴨淥江口泝流至此八百餘里當在今奉天輯安臨江二縣境

丁氏地理考證謂在中山府江北爲奉天長白縣地恐不合縣三 神鹿 神化 劍

門遼志

桓州東北至神州四百里治丸都故高麗中都城也高麗王于此剏立宮闕

國人謂之新國晉康帝建元初爲慕容皝所敗宮室焚蕩

渤海置桓州縣三 丸都遼史地志作桓都今從買耽道里記新書丸都凡二見俱作丸

都蓋轉寫之誤丸都之名于漢有之順帝漢安元年丸都地殘獻帝建安十三年山上王移都丸都晉建康元年故

國原王復都丸都俱見三國史記以遺母丘儉慕容皝兩次之兵自後遂定居平壤日人那珂通世氏謂丸都在

朝鮮楚山府對岸之通溝滿東近輯安縣西北即桓仁縣也其說殊確 神鄉 淇水遼志

豐州盤安郡縣四 安豐 渤恪 隰壤 硤石遼志

正州沸流郡本沸流王故地國爲公孫康所併後屬高麗渤海

置州後陞爲郡有沸流水今日沸流江發源平安南道孟山府之南西南流折而西流逕

成川江東兩府之北又西南流抵平壤府東入于浿水米明勿奔高飛時建國于沸流水上朝鮮上世史以叅沃佟

佳江當之誤矣縣一 東那遼志漢東那縣地在州西七十里

案遼志東京淥州鴨淥軍謂即渤海西京鴨淥府領桓豐慕正四州亦沿用渤海名桓豐正三州渤海隸西京慕州渤海隸安遠府遼併隸于淥州則渤海鴨淥安遠二府接壤可知矣遼得渤海地獨鴨淥江設官如渤海舊制以控制高麗故也桓州在淥州西南二百里豐州在東北二百一十里正州在東北三百八十三里慕州在西北二百里而淥州距東京道里不詳

長嶺府在上京西南新書賈耽道里記自都護府東北經古蓋牟新城又經渤海長嶺府千五百里至渤海王城安東都護府時治今遼陽也高麗故地營州道也新書渤海傳東接鴨淥府西接唐遼陽州唐天寶以後遼東之地遼陽州為幽州所屬八州之一見元稹告幽州將士德音又稱遼陽軍李益有送遼陽軍使還軍詩是否僞歷蓋不可知也州府均未見度遼水而西則為唐營州境新書賈耽道里記營州東百八十里至燕郡城又經汝羅守捉渡遼水至安東都護府五百里渤海王大諲譔時契丹克渤海遼陽故為東平諸州府遼陽之屬于渤海疑在大玄錫之世于時中原盜起

唐末疆理之也地當東經一百二十四五度北緯四十一二度之交今奉天海龍淸原本溪各縣蓋其地云（徐氏疆域考訂爲永吉州等地稍遠滿志又疑爲朝鮮咸興道之永興則地望全不合矣）領州二（新書本傳）

瑕州

河州

案遼史天顯元年正月太祖克上京三月戊午遣康默記韓延徽攻長嶺府八月辛卯康默記攻克之

扶餘府扶餘故地契丹道也（新書渤海傳）夫餘自漢興建國于此漢武帝元朔元年以其地爲蒼海郡數年罷夫餘仍王焉齊明帝蕭鸞建武元年夫餘王以國入于高麗自是爲高麗所有唐貞觀五年高麗築留王築長城以備唐東北自扶餘城西南至海千有餘里十有六年畢功（三國史記）今柳條邊牆其遺址也唐武德間以浮渝烏素固部靺鞨內附乃置黎州而隸于營州尋僑置于（闕）徙其民以實之渤海置扶

餘府爲西邊重鎮管屯勁兵以扞契丹契丹之伐渤海既破扶餘乃趨上京後置龍州于此在金爲黄龍府地當東經一百二十四五六七度北緯四十二三四度今吉林開原各縣其地也（高麗長城起于今吉林縣北境）

領州二

扶州

仙州

縣有強師

鄚頡府扶餘故地（新唐書渤海傳）高麗出于扶餘（同）扶餘出于橐離國（同）鄚頡本橐離國舊治柳河縣高麗置鄚頡府都督鄚頡二州渤海因之遼置韓州（遼史地理志　丁氏渤海地理考遼史載渤海諸地惟此條極精確橐離本濊時扶餘分部故新唐書以爲故扶餘地）金屬咸平路元屬咸平府明屬三萬衛（滿統志）地位于扶餘府東北當東經一百二十五六度北緯四十三四度今奉天之西安吉林之伊通長春其地也領州二（新唐書）

鄭州

高州 遼志上京遼州本高州地在槐州西二百里西北至上京一千里

縣有粵喜　萬安

案遼史天顯元年正月太祖克上京二月鄭頡府來朝三月己巳鄭頡府叛安端討之丁丑平

定理府挹婁故地 新唐書渤海傳 挹婁即古肅愼 後漢書挹婁傳 魏曰勿吉 魏書勿吉傳 黑水靺鞨居之 新唐書黑水靺鞨傳 挹婁國于夫餘東北 後漢書三國魏志 至晉漸南徙與晉通者居不咸山北 晉書挹婁傳東北諸夷自北而南者扶餘挹婁最著自東而西者靺鞨最著靺鞨七部初推粟末白山通于中國故知國史所記皆北近遼者也 不咸山橫亙奉吉之交暨朝鮮咸鏡南道平安北道不咸山中國史志作長白山朝鮮史志作白頭山武王大祚榮非其父餘衆四十萬人據挹婁 五代史 後分其地置定理府及安邊府地蓋上京之東今吉林穆稜縣東至于東寧其故址也遼史以今瀋陽當之蓋誤以府所屬潘州爲即瀋州也領二州

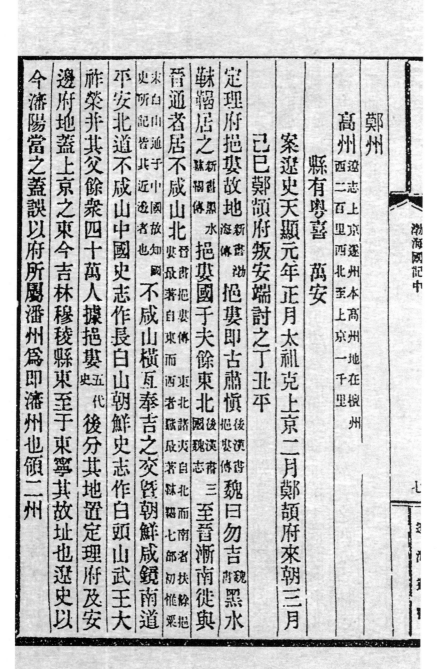

定州遼志東京定州保寧軍高麗置州故縣一曰定東聖宗統和十三年升爲軍定東縣亦高麗所置按高麗之定州者當即渤海之定州也定東縣當亦渤海所置

瀋州遼志東京瀋州昭德軍本挹婁國地渤海建瀋州故縣九皆廢

案遼史天顯元年正月太祖克上京二月定理府來朝三月己巳安邊府叛遣安端討之丁丑平五月辛酉復叛堯骨討之六月丁酉平

安遼史太祖神冊五年十二月徙檀順民于東平瀋州則東平瀋州遼已先有之矣

安邊府挹婁故地新唐書渤海傳在定理府之北曰安邊者其地當爲渤海國東邊或東北邊疑今吉林密山勃利諸縣其故地也領州二新唐書渤海傳

安州

瓊州

案遼史天顯元年正月太祖克上京二月安邊府來朝三月己巳叛安端討之丁丑平誅叛帥二人安邊之入朝也與鄭頡定理偕其叛也安邊鄭頡定理三府境壤相接也

率賓府率賓故地新唐書渤海傳 率賓舊未聞疑指率本言之率本者漢元帝時高麗王朱蒙舊都也本屬高句麗渤海建率賓府其後遼因之金爲恤品路亦稱速頻路地在漢玄菟郡邊境今鴨淥江北佟佳江流域高麗王朱蒙自夫餘東奔郡卒本川瑠璃王徙國內尉那巖山上王徙丸都皆鴨淥江北地東川王遷平壤則在江之南矣故國原王仍徙丸都蓋欲闢地遼東也以慕容氏之逼宮室焚燬復回平壤其都于江北約二百八十餘年 以卒本城國內尉那巖城丸都城舊址無定說而安鼎福東史綱目丁若鏞大朝鮮疆域考曰文學博士那珂通世氏松井氏白鳥庫吉氏皆主江北說卒本在佟佳江則那珂通世氏說也安氏丁氏則謂在興京 徐氏疆域考卒本率賓音之轉而訛今咸鏡道三水府西北鴨淥江內外地也領州

三

華州

益州

建州　州東南有率賓河明統志

案遼志東京康州下刺史世宗遷渤海率賓府人戶置屬顯州統縣一率賓本渤海率賓府地

東平府拂涅故地拂涅亦稱大拂涅靺鞨七部之一也隋書在伯咄東附書靺鞨傳其二曰伯咄在粟末之北其四曰拂涅在伯咄東新唐書在安居骨之東新唐書黑水靺鞨傳粟末部居最南稍東北曰汨咄部又次曰安居骨部益東曰拂涅蓋位于渤海中京東北境開元中朝于唐凡十六次新唐書開元天寶閒入朝于唐今從冊府元龜獻鯨鯢魚睛貂鼠白兔貓皮及馬唐皆授官以遣之使者兀異嘗留宿衛授中郎將天寶以後不見蓋已役屬渤海矣渤海以其地置東平郡當在文王大欽茂之世哀王大諲譔十九年契丹神冊四年也契丹葺遼陽故城以渤海漢戶建東平郡為防禦州天顯十三年改曰遼陽與渤海東平府無涉也後世志沿革者遂訛遼陽為拂涅故地誤矣領州五

伊州

蒙州

沱州 產鯽新書渤海傳

黑州

比州

縣名見者一紫蒙遼地志

鐵利府鐵利故地新書渤海傳 鐵利本黑水靺鞨也在夫餘府之北闕開元中自通于唐朝貢者六貞元一新書黑水靺鞨傳按册府元龜鐵利唐傳授官以祂之具朝貢中國紀開元中十一朝獻 其置郡疑在宣王大仁秀之世渤海既亡而遺民建國號鐵利後歸于金具遺民篇地在夫餘府之東北闕遼史以爲在漢襄平各縣地誤矣徐氏疆域考似在黑龍江地方 領州六

廣州

汾州

蒲州

海州

義州遼志太宗遷渤海義州民于上京置州宮義縣又云遷于永州南懷之西北乃名義州後改宮義國秦州而其文列于永州

歸州

懷遠府越喜故地新唐書渤海傳越喜本黑水靺鞨也新唐書黑水靺鞨傳唐開元間朝獻者十二貞元十八年又朝貢冊府元龜唐皆授官以遣之其朝貢中國篇其置郡疑在宣王大仁秀之世故址無考領州九

達州

越州

懷州遼志上京降聖州永安縣本洮原府懷州縣太祖平渤海破懷州之永安遷其人置寨于此然者懷州亦有永安縣歟

紀州

富州　縣有富壽　優富

美州　縣三　山河　黑川　麓川遼志東京遼州本渤海美州遼州之山河縣本渤海

縣井黑府巍川縣川

福州

耶州

芝州

安遠府越喜故地新書本傳當在上京之東懷遠府之南西京鴨淥府東北遼以慕州隸淥州鴨淥軍遼志慕州在淥州東北二百里故知與西京接壤也徐氏覇城考郡皆在今黑龍江之嫩尼江近地誤矣其置郡當在宣王大仁秀之世領州四新書本傳

寧州遼志上京寧州西南至上京三百五十里別為一地

郿州

慕州 縣有慕化 崇平遼志東京道淥州屬慕州

常州

獨奏州三新書本傳 滿洲源流考獨奏之義當以今直隸州不隸于府而事得專達也 殷志曰後世直隸州之制實本之

渤海

郢州遼史地理志郢州彰聖軍屬東京道高麗史顯宗世家與遼境近郢州刺史李匡祿來告急

銅州

涑州近涑沫江蓋所謂粟末水新唐本傳唐高祖武德初置慎州領涑沫烏素固部落按烏素固為唐初東方最大部落今吉林開原呼倫貝爾皆其所居地亦並設官以治之靺鞨州都督武后萬歲通天元年徙州與戶于淄青渤海改置涑州而慎州之名猶存遼太祖平渤海班師丙午次慎州後唐明宗即位遣供奉姚坤告哀契丹坤謁阿保機于慎州其後人皇王奔後唐授瑞慎等州觀察處置押蕃等使慎州當在今吉林烏喇西境遼太祖三月乙酉班師四月丁亥朔次鴨子山六月丙午次慎州七月甲戌次扶餘府自上京西行至扶餘府中間應經今吉林烏喇境惟自乙酉至丙午凡八十二日自丙午至甲戌凡二十九日則慎州西至扶餘為近東至上京路當倍之故疑當今烏喇西境是歲遼以正月丁未拔扶餘城丙寅夜退圍上京先後共八日師還乃逾百日則又不能以行程之遲速定慎州與

上京扶餘地到之近遼也

府十五具見上外又有以府郡稱者疑高麗舊名或非渤海初制而異時所改者也見于唐會要者一遼史者九

德理府府會要

安寧郡遼史地理志上京鳳州鐵驪故國渤海之安京郡境南王府五帳分地在韓州北二百里西北至上京九百里

龍河郡遼志東京開州屬鹽州本渤海龍河郡案指東京龍原府之鹽州

會農郡遼志東京開州屬穆州保和軍刺史本渤海會農郡案指東京龍原府之穆州

吉理郡遼志東京開州屬賀州刺史本渤海吉理郡案指東京龍原府之賀州

杉盧郡遼志東京盧州玄德軍刺史本渤海杉盧郡案指中京顯德府之盧州

蟠安郡遼志東京淥州屬豐州渤海置盤安郡

沸流郡遼志東京淥州屬正州本沸流王故地國為公孫康所併渤海置沸流郡有沸流水

安定郡遼志東京雙州保安軍下節度本挹婁故地渤海置安定郡

銅山郡遼志東京成州安定軍下節度本高麗銅山縣地渤海置銅山郡地在漢候城縣北渤海龍原府南地多山險

滅遼以爲開截

軍名唐書不具見于金史者

懷遠軍金志上京信州下彰信軍刺史本渤海懷遠軍

州六十二見上者六十餘二佚其別出者疑初置後廢或續制也見于遼史者四見于日本史者二

辰州遼志東京辰州本國軍節度本高麗蓋牟城唐太宗會李勣攻破蓋牟城即此渤海改爲蓋州又改辰州以辰韓得名井邑駢列最爲衝會

集州遼志東京集州古陴離郡地漢屬險瀆縣高麗爲霜巖縣渤海置州

麓州遼志東京麓州下刺史渤海置

玄菟州

木底州

若忽州

懷州遼志上京降聖州永安縣本龍原府慶州縣名太祖平渤海破懷州之永安遷其民于此同一地也上言慶州下言

涑州疑有脫誤

州所屬縣唐書不具見于遼史者四 見于日本史者闕

長平縣遼志上京臨潢府長泰縣本渤海國長平縣民太祖伐大諲譔先得是邑遷其人于京西北與漢民雜居又長霸縣本龍州長平郡民遷于此

強師縣遼志上京臨潢府定霸縣本扶餘府強師縣民太祖下扶餘遷其人于京西與漢人雜處

富利縣遼志上京臨潢府保和縣本渤海國富利縣民太祖破龍州盡徙富利縣人散居京南

神化縣遼志上京臨潢府宣化縣本遼東神化縣民太祖破鴨淥府盡徙其民居京之南

長寧縣遼志上京祖州咸寧縣本長寧縣破遼陽遷其民置又上京永州長寧縣本顯德府縣名太祖平渤海遷其民于此又東京遼陽府興遼縣本漢平郭縣地渤海改為長寧縣

顯德縣遼志上京懷州顯德縣本顯德府人

扶餘縣遼志上京懷州扶餘縣本龍泉府太祖遷渤海扶餘縣降戶于此

顯理縣遼志上京顯理縣本顯理府人太祖伐渤海遷其民于此

金德縣遼志東京遼陽府遼陽縣本渤海國金德縣地漢浿水縣高麗改為句麗縣渤海為常樂縣

常樂縣 見上 遼志顯州本先縣世宗析遼東長樂縣以爲陵戶長樂疑常樂也 又上京饒州長樂縣本遼城縣名

太祖伐渤海遷其民居之

永豐縣 遼志東京遼陽府仙鄉縣本遼陽縣渤海爲永豐縣 又顯州山東縣穆宗以渤海永豐縣民爲陵戶隸積

慶宮

豐永縣 遼志上京饒州臨河縣本豐永縣人太宗分兵伐渤海遷于潢水之曲

雞山縣 遼志東京遼陽府鶴野縣本漢居就縣地渤海爲雞山縣

花山縣 遼志東京遼陽府析木縣本漢望平縣地渤海爲花山縣 又東京銅州下亦有此文

紫蒙縣 遼志東京遼陽府紫蒙縣本漢鏤芳縣地後拂涅國置東平府領紫蒙縣後徙遼城并入黃領縣渤海復爲紫

蒙縣 案遼志所言則拂涅皆建國故鄙縣而渤海因之

龍原縣 遼志東京開州本濊貊地高麗爲慶州渤海爲東京龍原府慶州故縣六曰龍原永安烏山壁谷熊山白楊

又開州開遠縣本柵城地高麗爲龍原縣渤海因之

永安縣 渤海慶州屬縣見上 又遼志上京降聖州永安縣本龍原府慶州縣名太祖平渤海破懷州之永安遷其人

置寨于此

渤海國記中　十三　遼海叢書

烏山縣渤海慶州屬縣見上

壁谷縣渤海慶州屬縣見上

熊山縣渤海慶州屬縣見上又東京定州下刺史熊山縣本渤海縣地

白楊縣渤海慶州屬縣見上

海陽縣遼志東京開州屬鹽州本渤海龍河郡故縣四海陽接海格州龍河

接海縣渤海龍河郡屬縣見上

格州縣渤海龍河郡屬縣見上

龍河縣渤海龍河郡屬縣見上

會農縣遼志東京開州屬穆州保和軍刺史本渤海會農郡故縣四會農水岐順化美縣

水岐縣渤海會農郡屬縣見上

順化縣渤海會農郡屬縣見上

美縣渤海會農郡屬縣見上

洪賀縣遼志東京道賀州刺史本渤海吉理郡故縣四洪賀送誠吉理石山

遂誠縣渤海吉理郡屬縣見上

吉理縣渤海吉理郡屬縣見上

石山縣渤海吉理郡屬縣見上

山陽縣遼志東京道盧州玄德軍刺史本渤海杉盧郡故縣五山陽杉盧漢陽白巖霜巖

杉盧縣渤海杉盧郡屬縣見上

漢陽縣渤海杉盧郡屬縣見上

白巖縣渤海杉盧郡屬縣見上遼志東京瀋州巖州本渤海白巖城所屬縣渤海置

霜巖縣渤海杉盧郡屬縣見上遼志東京集州高麗爲霜巖縣渤海置州

位城遼志東京鐵州建武軍刺史本漢安市縣高麗爲安市城薛仁貴白衣登城即此渤海置鐵州故縣四　河

端　蒼山　龍珍

以上四縣爲渤海鐵州屬縣

盛吉　蒜山　鐵山

以上爲渤海中京興州屬縣見遼志東京興州中興軍節度

靈峯遼志東京乾州靈山縣本渤海靈峯縣地　常豐　白石　均谷　嘉利

以上五縣爲渤海中京湯州屬縣見遼志東京湯州

崇山遼志東京貴德州貴德縣渤海崇山縣地　潙水　綠城遼志東京貴德州奉德縣本渤海綠城縣地

以上三縣疑爲渤海中京榮州屬縣見遼志東京崇州疑即榮州之訛也

沃沮　鷲巖　龍山　濱海　昇平　靈泉

以上六縣爲渤海南京沃州屬縣見遼志東京海州

椒山　貂嶺　澌泉　尖山　巖淵

以上五縣爲渤海南京椒山屬縣見遼志東京海州屬耀州

天晴　神湯　蓮池　狼山　仙巖

以上五縣爲渤海南京晴州屬縣見遼志東京海州屬嬪州

神鹿　神化　劍門

以上三縣爲渤海西京神州屬縣見遼志東京淥州

桓都　神鄉　淇水

以上三縣爲渤海西京桓州屬縣見遼志淥州屬桓州

安豐　渤恪　隰壤　硤石

以上四縣爲渤海西京豐州屬縣見遼志淥州屬豐州

慕化　崇平

以上二縣爲渤海安遠府慕州屬縣見遼志淥州屬慕州

遼以慕州隸淥州則安遠鴨淥二府當相近也

蘢郡　蘢波　雲川

遼志東京乾州司農縣本渤海蘢郡縣併蘢波雲川二縣置

山河　黑川　蘢川

遼志東京遂州本渤海美州地兼所屬山河縣本渤海縣併黑川蘢川二縣置

扶餘 布多

遼志東京通遠縣本渤海扶餘縣併布多縣置

顯義 鵲川

遼志東京通州安遠縣本渤海顯義縣併鵲川縣置

强師 新安

遼志東京通州歸仁縣本渤海强師縣併新安縣置

漁谷

遼志東京通州漁谷縣本渤海縣

粤喜 萬安

遼志東京韓州柳河縣本渤海粤喜縣地併萬安縣置此屬鄚頡府

安夷

遼志東京韓州雙城縣本渤海安夷縣地此挹婁故地

富壽
遼志東京銀州本渤海富州所屬延津縣本渤海富壽縣
優富
遼志東京銀州永平縣本渤海優富縣治
案渤海富壽優富二縣當爲懷遠府屬縣本越喜故地遼銀州兵事屬北女直兵馬司則其地在北境可知
懷福
遼志東京信州武昌縣本渤海懷福縣地及析豹山縣戶隸之
金史上京信州武昌縣本渤海懷福縣地
豹山　乳水
遼志東京信州定武縣本渤海豹山縣地及析乳水縣置
長平　富利　佐慕　肅愼 遼志東京遼陽府屬愼縣以渤海戶置

遼志東京龍州黃龍縣本渤海長平縣併富利佐慕肅愼置

永寧　豐水　扶羅

遼志東京龍州遷民縣本渤海永寧縣併豐水扶羅置

永平

遼志東京永平縣本渤海置

貢珍

遼志東京渤州貢珍縣渤海置

盛吉

遼志中京黔州盛吉縣太祖平渤海俘興州盛吉縣民來居

因置縣

職官

渤海初建國無州縣就村置長大村曰都督次村曰刺史其下曰首領皆以高麗人爲之日本史渤海傳武王文王相繼遣生徒入唐就學並寫

唐禮以資綿蕞設官分職蓋皆憲章中國也唐文宗時內養王宗禹使渤海回言渤海置神策軍左右三軍一百二十司畫圖以進視新唐書所紀爲侈網羅舊聞分別著錄而渤海立國之規模具見矣

三公有司徒（遼史）

唐志太尉司徒司空是爲三公皆正一品佐天子理陰陽平邦國無所不統渤海因之見者惟哀王時司徒大素賢一人契丹滅渤海改爲東丹國以渤海司徒大素賢爲左次相（遼史太祖紀）

宣詔省有左相左平章事侍中左常侍諫議（唐書渤海傳）

唐志唐因隋制以三省之長中書令侍中尚書令共議國政此宰相職也門下省掌出納帝命相禮儀凡國家之務與中書令參總侍中二人正二品門下侍郎二人正三品左散騎常侍二人正三品下左諫議大夫四人正四品下侍中亦嘗改爲左相後復舊稱渤海宣詔省倣唐門下省制也左相左平章事爲省

長比侍中侍中爲貳比門下侍郎常侍諫議比左散騎常侍左
諫議大夫

中臺省有右相右平章事內史詔誥舍人同上

唐志中書省掌佐天子執大政中書令二人正二品侍郎二人
正三品舍人六人正五品上中書令嘗改爲右相又改爲內史
後復舊稱渤海中臺省倣唐中書省制也右相右平章事爲省
長比唐中書令內史爲貳比侍郎詔誥舍人比舍人契丹滅渤
海惟中臺省獨存而設官異
大彝震咸和十二年遣使日本國書外有中臺省致日本太政
官牒其後因之
平章事見者咸和四年有同中書右平章事高寶英入唐謝冊
命同中書不見官制

政堂省大內相一人居左右相上左右司政居左右平章事之下以

比僕射左右允比二丞同上

唐志尚書省掌典領百官其屬有六尚書一曰吏部二曰戶部三曰禮部四曰兵部五曰刑部六曰工部庶務皆會決焉尚書令一人正二品左右僕射各一人從二品左丞一人正四品上右丞一人正四品下吏部戶部禮部左丞總焉兵部刑部工部右丞總焉渤海政堂省倣唐尚書省制也

司政見者哀王朝有大和鈞奔高麗

左允見者文王朝有王新福大彝震朝有賀福延大虔晃朝有烏孝愼大玄錫朝有楊成規咸充聘日本大使

左六司忠部仁部義部各一卿居司政下支司爵部倉部膳部有郎中員外同上

唐志尚書省吏部戶部禮部尙書各一人正三品侍郎二人正四品上部各四司有郎中員外郎或一人或二人郎中正五品

上員外郎從六品上渤海政堂省左六司蓋倣之卿比侍郎

哀王朝有和部少卿裴璆和部疑即義部也少卿不見官制

右六司智部禮部信部支司各一卿居司政下支司戎部計部水部有郎中員外同上

唐志尚書省兵部刑部工部部各四司尚書侍郎郎中員外郎品秩與吏戶禮三部同渤海政堂省右六司蓋倣之

康王朝有工部郎中呂定琳哀王朝有禮部卿大和鈞工部卿烏濟顯大福謩吳輿工部卿即信部卿工部郎中即水部郎中

其下有孔目官日本史渤海傳

唐志門下省集賢殿書院下孔目官一人專知御書唐六典孔目官開元五年置渤海置于政堂省

景王朝遣政堂孔目官楊中遠如日本

中正臺大中正一比御史大夫居司政下少正一唐書渤海傳

唐志御史臺掌以刑法典章糾正百官之辠惡大夫一人正三品中丞二人正四品下其屬有三院一曰臺院侍御史隸焉二曰殿院殿中侍御史隸焉三曰察院監察御史隸焉侍御史從六品下殿中侍御史從七品下監察御史正八品下渤海中正臺倣唐御史臺制少正疑比中丞也少正外當有某某署少正倣唐監察御史制分察左右六司其秩降于少正

文王大興二十二年遣兵署少正楊承慶充聘日本大使少正中正臺次官也冠以兵署者疑所察爲駕部或戎部蓋唐監察御史職也唐志監察御史分察尚書省六司始于大曆十四年楊承慶以兵署少正充使事在大曆以前渤海制度憲章中國不應預有是官疑大曆之制本于開元而史偶略之渤海傳則更略不僅闕此一官也

殿中寺有大令有少令 同上

唐志殿中省掌天子服御之事監一人從三品少監二人從四品上渤海殿中寺仿之大令擬監少令擬少監

哀王時嘗遣殿中少令崔禮光貢于梁

宗屬寺有大令有少令同上

唐志宗正寺掌天子族親屬籍以別昭穆卿二人從三品少卿二人從四品上渤海宗屬寺倣之大令擬卿少令擬少卿

文籍院有監有少監

唐志祕書省掌經籍圖書之事監一人從三品少監二人從四品上渤海文籍院倣之

文籍院少監見者有裴頲王龜謀

太常寺有卿

唐志太常寺掌禮郊廟社稷事卿一人正三品少卿二人正四品上渤海因之有卿有少卿

渤海官寺惟太常與唐制同名餘均避之

司賓寺有卿同上

唐志鴻臚寺掌賓客及凶儀之事卿一人從三品少卿二人從四品上丞二人從六品上領典客司儀二署署有令典客署令一人從七品下司儀署令一人正八品下渤海司賓司倣之有卿無少卿與丞

文王大興四十年使司賓少令史都蒙聘於日本四十三年使司賓少令張仙壽如日本賀正司賓少令不見官制

大農司有卿同上

唐志司農寺掌倉儲委積之事卿一人從三品少卿二人從四品上渤海大農寺倣之有卿無少卿

司藏寺有令有丞同上

唐志太府寺掌財貨廩藏貿易卿一人從三品少卿二人從四

品上所屬有左右藏署左藏署令三人從七品下丞五人從八品下右藏署令二人正八品上丞三人正九品上渤海司藏寺倣太府制無卿與少卿而置令與丞則左右藏署制也

司膳寺有令有丞同上

唐志光祿寺掌酒醴膳羞之政卿一人從三品少卿二人從四品上所屬大官署令從七品下丞從八品下珍羞良醖三署令正八品下丞正九品下渤海司膳寺仿光祿寺制無卿與少卿而置令與丞則大官四署制也

胄子監有監有長同上

唐志國子監掌儒學訓導之事祭酒一人從三品司業二人從四品下渤海胄子監仿之監擬祭酒長擬司業

巷伯局有常侍同上

唐志內侍省掌內侍奉宣制令監二人從三品其下有少監內

侍內常侍內給事諸官渤海巷伯局仿之而以常侍爲之長

都督府長史位平章事上舒元輿集

唐志大都督府都督一人從二品長史一人從三品又王府官長史一人從四品下杜佑通典長史永徽二年改別駕爲之府州各一人王府長史理府事餘府通判而已舒元輿集有爲文宗與渤海王大彝震書書尾云妃及副王長史平章事各有賜物具如別錄渤海有長史見此次于副王之下平章事之上意其爲都督府長史歟

爵有開國公開國子開國男日本史渤海傳

唐志開國郡公正二品開國縣公從二品開國縣子正五品開國縣男從五品渤海倣置之

開國公者文王朝有楊承慶

開國子見者康王朝有大昌泰

開國男見者文王朝有王新福史都蒙哀王朝有朴漁

勳有上柱國同上

唐志上柱國視正二品渤海亦倣置之康王時有上柱國大昌泰

文散階有紫綬大夫青綬大夫獻可大夫廷諫大夫同上

唐志文散階二十九自從二品至從五品下皆稱大夫自至六品上至從九品下皆稱郎

渤海文王朝有紫綬大夫王新福青綬大夫壹萬福獻可大夫史都蒙康王朝有廷諫大夫呂定琳疑皆散官也

十二衛新書渤海傳作十衛遺左右神策軍

左右猛賁衛大將軍各一人將軍各一人

唐志十六衛上將軍各一人從二品大將軍各一人正三品將軍各二人從三品渤海倣之置十二衛首猛賁

景王五年使右猛賁衛少將李與晟充聘日本副使少將不見

官制

左右熊衛大將軍各一人將軍各一人

渤海康王時有左熊衛都將大昌泰都將一官唐志無

左右羆衛大將軍將軍各一人

南左右衛大將軍各一人將軍各一人

北左右衛大將軍各一人將軍各一人

哀王朝有左右衛將軍大審理奔高麗

左右神策軍終背文宗紀

親衛員不詳册府元龜

唐志親衛隸十六衛之左右衛有中郎將左右郎將後唐同光二年以渤海王姪學堂親衛大元謙試國子監丞是渤海固有親衛也學堂親衛連文未喻

武散階輔國大將軍慰軍大將軍慰軍上鎭將軍輔國將軍雲麾將軍歸德將軍忠武將軍寧遠將軍游擊將軍日本史渤海傳

唐志武散階四十有五輔國大將軍正二品雲麾將軍從三品上歸德將軍從三品下忠武將軍正四品上寧遠將軍正五品下游擊將軍從五品下此六者渤海皆有之又有慰軍大將軍慰軍上鎭將軍輔國將軍唐志無

冊府元龜後唐長興二年中書門下奏按四夷入朝蕃官例有懷德歸德懷化歸化等將軍中郎將名號

輔國大將軍文王朝有慕施蒙爲南甲

慰軍大將軍康王朝有大昌泰

慰軍上鎭將軍哀王朝有楊成規

輔國將軍文王朝有楊承慶

雲麾將軍文王朝有已珍蒙

歸德將軍文王朝有楊泰師

忠武將軍文王朝有胥要德

寧遠將軍武王朝有高仁義

游擊將軍武王朝有德同

外官

府有都督

州有刺史（日本史渤海傳　遼史太祖紀）亦曰都督

縣有令有丞（日本史渤海傳）

唐志府有尹曾改爲長史州設刺史縣有令與丞渤海府州縣具備哀王朝有南海府都督列道朋是府有都督也文王朝有木底州刺史楊承慶玄菟州刺史高南申若忽州都督胥要德哀王朝有鐵州刺史衞鈞是州稱刺史亦曰都督也大彝震朝有永寧縣丞王文矩是縣有丞也

以品爲秩三秩以上服紫牙笏金魚五秩以下服緋牙笏銀魚六秩七秩淺緋衣八秩綠衣皆木笏唐書

選法文武並用朝鮮歷史

人物

振國公乞乞仲象之子見者二曰大祚榮渤海高王也曰野勃高王弟也野勃之四世孫仁秀唐憲宗元和十三年嗣主渤海國

高王大祚榮之子見者七曰武藝渤海武王也諸子曰門藝曰昌勃價曰寶方曰胡雅曰琳曰郎雅曰蕃皆見于武王嗣位時史稱爲王弟者也武王又有從兄大壹夏則高王祚榮兄弟子也

大門藝初以質子入侍于唐開元初歸國其後唐遣黑水軍于黑水靺鞨續更以最大部落爲黑水府仍以其首領爲都督諸部刺史隸屬焉中國設長史就其部落監領之武王曰黑水假道于我始得與唐通舊請突厥吐屯皆先告我今請唐官不吾告是必與唐腹背攻

我也遣門藝及舅任雅相發兵擊黑水門藝嘗質京師知利害謂武王曰黑水請吏而我擊之是背唐也唐大國兵萬倍我與之產怨我且亡昔高麗盛時士三十萬抗唐爲敵可謂雄彊唐兵一臨掃地盡矣今我衆比高麗三之一王將違之不可武王不從兵至境又以書固諫武王怒遣從兄壹夏代將召門藝將殺之門藝懼儳道歸于唐唐志及承徽綏大武藝與弟門藝殺國志門藝來奔疑非事實今不取唐拜爲左驍衛將軍武王使馬文軌慈勿雅朝唐仍上表極言門藝罪狀請殺之唐處門藝安西好報曰門藝窮來歸我誼不可殺已投之嶺南并留使者不遣使內使來宣意又別詔鴻臚少卿李道邃源復諭旨俄有泄其事者武王上書斥言陛下不當以妄示天下仍請依前殺卻唐帝怒道邃復漏言國事左遷道邃曹州刺史復澤州刺史遣門藝暫向嶺南以報之十年武王遣大將張文休浮海攻唐登州唐馳遣門藝發幽州兵擊之會大寒雪袤丈士凍死過半無功而還武王怨其弟不已募客入東

都狙刺之于天津橋南門藝格之得不死河南府捕刺客悉殺之門藝遂留宿衛不復歸

大昌勃價仁安七年五月以渤海王武藝弟朝唐授左威衛員外將軍賜紫袍金帶魚袋留宿衛九年四月庚申封襄平縣開國男賜帛五十匹遣歸國冊府元龜卷九百七十五

大寶方仁安九年八月以渤海王武藝弟朝唐同上

大胡雅仁安十一年二月甲子冊府元龜作三月甲子是月無甲子蓋二月也以渤海王武藝弟朝唐授游擊將軍賜紫袍留宿衛同上

大琳仁安十一年八月以渤海王武藝弟朝唐授中郎將留宿衛同上

大郎雅仁安十二年正月戊寅以渤海王武藝弟朝唐賀正並獻方物賜帛冊府元龜卷九百七十五唐帝敕武藝書大朗雅等先犯國章竄逐南鄙亦皆捨罪仍放歸蕃張九齡曲江集朗雅與郎雅形聲相近疑一人

大蕃仁安十八年三月乙酉以渤海王武藝弟朝唐授太子舍人員

外置賜帛三十匹文王大興七年七月蕃又朝授左領軍衛員外大將軍留宿衛蕃于武王爲弟於文王則諸父也冊府元龜皆書王弟名偶同致抑史誤書歟

大壹夏武藝從兄也不審其父名嘗代大門藝將擊黑水後無聞

武王大武藝之子見者四嫡男曰都利行早卒曰欽茂渤海文王也都利行既卒欽茂爲長故唐冊命文稱爲長嫡諸子曰義信勗進勗進見於文王嗣位時史稱爲王弟者也

大都利行仁安元年八月以渤海王武藝嫡男唐冊爲桂婁郡王七年三月朝于唐授左武衛大將軍員外置留宿衛九年卒於長安贈特進兼鴻臚卿賜絹三百疋粟三百石命有司弔祭官造靈轝來歸

大義信仁安八年十一月以渤海王武藝之子朝唐獻方物冊府元龜卷九百七十五

大勗進大興三年二月以渤海王欽茂之弟朝唐唐宴之內殿授左

武衛大將軍員外置同正賜紫袍金帶帛一百疋留宿衛同上

文王大欽茂之子見者一曰宏臨早死宏臨子華與渤海成王也史書王子者三曰英俊貞翰清允

大英俊大興中以王子質唐三十六年歸國引辭唐帝對于延英殿

大貞翰冊府元龜作貞補今從唐書大興五十四年八月以渤海王子入朝備宿衛

大清允大興五十七年正月以渤海王子入朝授右衛將軍同正

成王大華璵之子無考

康王大嵩璘之子見者三曰元瑜渤海定王也曰言義渤海僖王也曰明忠渤海簡王也有姪曰能信

大能信正曆元年十一月以渤海王姪朝唐授左驍衛中郎將

定王大元瑜之子見者一曰延眞

大延眞永德二年王遣入唐朝獻冬十一月至唐冊府元龜卷九百七十六

僖王大言義之子無考其嗣位時史書王子者一曰庭俊

大庭俊朱雀三年以渤海王子偕一百人入唐朝貢秋七月至冊府元龜卷九百七十六

宣王大仁秀之子見者一曰新德早死新德子曰彝震嗣王彝震弟曰虔晃嗣王又稱王子者一名無考穆宗長慶間入朝稱王姪者二曰公則曰多英皆見于長慶間

王子名闕穆宗長慶中以渤海王子朝于唐制曰渤海王子舉國內屬遣使來朝祗命奉章禮無違者夫入修職貢出錫爵秩茲惟舊典舉而行之白居易長慶集

大公則穆宗長慶中以渤海王姪隨愼能至朝于唐授金吾將軍制曰敕愼能至王姪大公則等海東之國知義之道與華夏同風者爾輩是也冒越深阻和會于庭予嘉乃誠命以崇秩用奮威衛保爾恩榮無怠無違永作藩服元稹集

大多英穆宗長慶中以渤海王姪朝于唐授諸衛將軍制曰敕大定順王姪大多英等我有十二衛將軍以率其屬皆匡備左右爲吾近臣自非勛庸不以輕授以汝各贄琛賨勞於梯航俾燿遠人宜示恩寵歸撫爾類知吾勸來元稹集

大彝震之子無考史書王子者五人曰明俊曰光晟曰延廣曰昌輝曰之萼

大明俊咸和二年以渤海王子朝唐明年二月丙辰唐帝對於內殿宴賜有差五年入唐賀正明年正月對於內殿宴賜如故事冊府元龜卷九百七十六

大光晟咸和三年以渤海王子朝唐明年二月乙卯唐帝對於內殿宴賜有差同上

大延廣咸和十年十二月以渤海王子朝貢於唐同上

大昌輝咸和中以渤海王子朝貢於唐及歸國文宗賜王敕書並信

物書封敖撰具國統篇
大之蕚咸和十七年以渤海王子朝唐舊唐書武宗紀
哀王大諲譔之子見者一曰光顯書王子者三曰昭順曰禹謨曰光贊書王姪者二曰元讓曰元謙書弟者一其名逸
大光顯哀王諲譔之世子也渤海亡之八年率衆數萬奔高麗時爲高麗王王建天授十七年甲午秋七月也賜姓名王繼附之宗譜特授元輔守白州以奉其祀元輔者摩震國王弓裔所置官高麗王王建因之蓉廢若唐散官特進之類白州屬高麗畿內道賜姓王者高麗國姓也鄭麟趾高麗史世家二
大昭順哀王七年以王子朝於梁貢海東物產册府元龜
大光贊哀王二年以王子入朝於梁進方物閏五月戊申梁賜光贊及首領以下分物銀器册府元龜渤海大諲譔遣其王子光贊來帝衣拜進方物以帝衣三字未詳故節之
大禹謨哀王二十四年二月以王子朝貢於後唐同上

大元讓哀王二十四年五月以王姪（五代會要作王子）朝貢方物於後唐庚申賜分物有差（五代會要作莊宗以金帛遣之）

大元謙官學堂親衛哀王二十四年八月以渤海王譔姪朝於後唐試國子監丞（冊府元龜）

契丹主阿保機死渤海王命其弟率兵攻扶餘城不能克保衆而退（五代會要）

論曰渤海制度王之子長曰副王諸子曰王子入朝于唐史所紀當仍其表文書嫡男者時王之長子也書遣子某弟某姪某者時王之子若弟若姪也若王子云者疑通前王之子言之左氏春秋傳其先例也疑不能明者皆承條所見之世志愼也明長沙魏煥九邊考謂建州毛鄰皆渤海大氏遺孽附錄於此廣異聞云

物產

渤海物產俗所貴者曰太白山之兎（原作菟今從遼志）南海之昆布（明董越朝鮮賦

閣北昆布海衣注云昆布如棕葉棕色宋志今名海帶柵城之豉扶餘之鹿鄚頡之豕率賓之馬顯州之布沃州之緜龍州之紬位城之鐵盧城之稻湄沱湖之鯽果有丸都之李丸都原作九都今改高句驪故都也唐時屬渤海樂游之梨唐書扶餘產黃金隋書高麗傳鐵利府亦產鐵遼史食貨志

渤海螃蟹紅花大如椀螯巨而厚其跪如中國蟹螯石舉鱿魚之屬皆有之契丹國志

貢獻品曰鷹曰鶻曰馬曰熊皮曰羆皮曰大蟲皮曰貓皮曰貂鼠皮曰海豹皮曰白兔曰細魚曰文魚曰鯨鯢睛曰人蓡曰松子曰白附子曰昆布曰蜜曰黃明細布曰金銀佛像曰瑪瑙杯曰火玉曰松風石曰瑪瑙檟曰紫瓷盆曰玳瑁酒杯羆皮大蟲皮蜜玳瑁酒杯見日本史火玉松風石瑪瑙檟紫瓷盆見杜陽雜編餘見冊府元龜黃明細布以上土物也金銀佛像以下疑謬之異邦也唐蘇鶚杜陽雜編曰武宗皇帝會昌元年夫餘國夫餘時屬渤海國貢火玉三斗及松風石火玉色赤長半寸上尖下圓光照數十步積之

可以然鼎置之室內則不復挾纊王才人（原文才人上無王字據下文補唐書有武宗賢妃王氏傳即才人也）常用煎澄明酒酒亦異方所貢也色紫如膏飲之令人骨香

松風石方一丈瑩澈如玉其中有樹形若古松偃蓋颯颯焉而涼風生于其間至盛夏上置諸殿內稍秋風颼即令撤去又渤海貢瑪瑙櫃紫瓷盆瑪瑙櫃方三尺深（深下原有闕文）色如茜所製工巧無比用貯神仙之書置之帳側紫瓷盆內外通瑩其色純紫厚可寸餘舉之則若鴻毛上嘉其光潔處之仙臺祕府以和茶餌後王才人鄭玉環誤缺其半菽上歎息久之

渤海國記中篇

渤海國記下篇

崇仁黃維翰申甫纂輯

朝貢中國

渤海在唐營州之東二千里自國都忽汗州西至長安史書八千里而遥遣使如中國有朝貢謝恩祈請賀正進奉端午諸名貢道陸行渡遼入幽州境水行渡海入青州境唐開元二十八年以平盧軍節度兼渤海黑水等四府經略處置使（舊唐書玄宗紀）代宗大曆初改以淄青節度使領檢押新羅渤海兩蕃使（舊書李正己傳）穆宗踐祚又加平盧以檢押新羅渤海兩蕃使（舊書穆宗紀）平盧陸道淄青海道也穆宗時淄青乃冠平盧名唐制諸蕃國來朝到長樂驛迎使郊迎入京賜迎馬新羅王子斂轡馬上答謝渤海使則下馬再拜舞蹈（長樂驛以下據日本史唐傳）朝集日視品給以衣冠袴褶請宿衛宿衛者奏狀貌年齒主客郎中主之至則給廩食病則遣醫喪則給以所須還蕃賜物佐其受給教拜謝

之節典客令主之蕃客之賜金部郎中主之蕃酋辭退賜於庭內府令主之其還也恆寵之以官渤海使授官武職則有左武衛大將軍左領軍衛大將軍皆正三品右武衛將軍右衛將軍皆從三品中郎將四品郎將五品折衝都尉分上中下府上府正四品中府從四品下府正五品果毅都尉亦分上中下府上府從五品中府正六品下府從六品游擊將軍從五品折衝果毅游擊皆武散官也文職官則有檢校工部尚書正三品太子詹事正三品光祿卿從三品太子右贊善大夫正五品上階太子洗馬從五品上階太子舍人正六品上階右神武軍長史右驍衛長史皆從六品上階大理評事從八品其授官視在本國官秩爲高下授官皆給告以折衝果毅二階爲多又有賜金魚袋者二品以上服也紫袍金帶三品以上服也緋袍銀帶五品以下服也唐書渤海朝獻於唐終玄宗之世三十有一肅宗乾元一代宗大曆二十三德宗建中二貞元八憲宗元和十七穆宗長

慶二寶曆再文宗世六武宗會昌四咸通三稽之冊府元龜與日本史微有出入梁與後唐則據冊府元龜書之今分繫於各王之世年從渤海月日從中國

高王大祚榮十五年受封渤海郡王使王子朝王次子門藝嘗爲質於唐疑亦王所遣也

武王大武藝仁安二年使大首領朝拜折衝三年十一月大臣味勃計朝獻鷹授大將軍賜紫袍金魚袋五年二月乙巳賀祚慶賀正賜帛五十四六年正月大首領烏借蒙賀正獻方物授將軍賜紫袍金帶魚袋四月首領謁德朝授果毅五月王弟大昌勃價朝留宿衛七年四月王嫡男大都利行朝留宿衛十一月王子大義信朝獻方物八年四月唐主玄宗與書慰勞王賜綵練百匹書闕八月王弟大寶方朝十月使獻方物九年九月菸夫須計朝十年三月王弟大胡雅朝留宿衛是月獻鷹又獻鯔魚賜帛二十四八月王弟大琳朝留宿衛

十一年正月王弟大郎雅賀正獻方物賜帛二月智蒙朝獻方物馬三十匹授中郎將賜緋袍銀帶絹二十匹五月烏那達利朝獻海豹皮五張貂鼠皮三張馬瑙盃一馬三十匹授果毅賜帛十二年二月使賀正授將軍賜帛百匹十月大姓取珍等百二十人朝授果毅賜帛三十匹明年攻唐登州自後不朝者累年以母弟門藝奔唐唐不從王請使歸國就戮也尋遣李盡彥如唐唐主（玄宗）報以書見國統武王大武藝篇大成慶朝唐主又報以書曰不識逆順之端不知存亡之兆而能有國者未之聞也卿往年背德已爲禍階近能悔過不失臣節迷復非遠善又何加朕記人之長忘人之短況此歸伏載用嘉歎永祚東土不亦宜乎所令大成慶等入朝並已處分各加官賞想具知之所請替人亦令還彼又近得卿表云突厥遣使求合擬打兩番奚及契丹今既內屬而突厥私恨欲讐此番卿但不從何妨有使擬行執縛義所不然此是人情況爲君道然則知卿忠赤動必以聞

永保此誠慶流未已春晚卿及衙官百姓並平安好遣書指不多及張曲江文集又一書曰卿往者誤計幾於禍成而失道未遙聞義能徙何其智也朕棄人之過收物之誠表卿洗心良以慰意計卿既盡誠節永固東藩子孫百代復何憂也近使至具知款曲兼請宿衛及替亦已依行大朗雅等先犯國章竄逐南鄙亦皆捨罪仍放歸蕃卿可知之皆朕意也夏初漸熱卿及首領百姓等並平安好遣書指不多及張曲江文集十七年三月王弟蕃朝十九年首領木智蒙公伯計等朝獻鷹鶻八月大首領多蒙固朝授左衛將軍賜紫袍金帶帛百匹唐主報以書曰多蒙固所送水手及承前沒落人等來表卿輸誠無所不盡長能保此永作邊捍自求多福無以復加漸冷卿及衙官百姓已下並平安好遣書指不多及張曲江文集

文王大欽茂大興元年爲唐玄宗開元二十六年閏八月遣使獻貂鼠皮千張乾文魚百口二年二月獻鷹王弟大勗進朝賜宴內殿十

月遣其臣優福子謝恩授果毅賜紫袍銀帶三年十月獻貂鼠皮四年二月失阿利賀正授郎將四月進鷹鶻六年爲唐天寶二載王弟大蕃朝留宿衛九年十年均遣使賀正貢方物十二年三月十三年三月並獻鷹十六年十七年並遣使賀正自後唐有安祿山史思明之亂貢道阻塞二十二年間肅宗興復使楊芳度賀正並致日本使高元度於唐（楊芳度朝見日本史渤海傳）二十五年唐晉王爲渤海國王三十年唐代宗大曆二年也是年七月八月九月十一月十二月凡五朝貢三十一年三十五年並遣使朝三十六年四月六月十一月閏十一月十二月各遣使朝貢六月之使則賀正也唐帝引見於延英殿三十七年正月十二月使朝三十八年正月五月六月十二月凡四朝四十年獻日本國舞女十一人及方物二月獻鷹四月十二月使復朝四十三年爲唐德宗建中元年遣使朝貢四十六年使朝五十四年爲德宗貞元七年正月使朝五月使大常靖賀正授衛尉卿同正

八月王子大貞翰朝備宿衛五十五年閏十二月楊吉福等三十五人朝貢王事唐謹於職貢然貢道遠一歲數朝或一月再朝疑國人之入唐者假其名為之利上國之賞賜也唐貞元十年正月渤海王子大清允朝王於三月薨是年元義華璵更立不審為何王所遣

康王大嵩璘正曆元年唐德宗貞元十一年也十一月王姪大能信虞侯婁蕃長都督茹富仇朝授大能信驍衛中郎將茹富仇右衛將軍十年十一月遣使朝貢十一年使朝十二年十二月十三年十二月均遣使朝貢是年進奉端午使楊志信逃歸潼關為唐吏所執鞫於內仗

定王大元瑜永德元年唐憲宗元和四年也使高才南朝正月唐主引渤海使於麟德殿二年王子大延眞朝獻方物四年使朝唐唐主御麟德殿賜宴授官告三十五通衣各一襲

僖王大言義朱雀二年王子及辛文德九十七人朝十二月丙午唐

主憲宗賜宴賜錦綵二年高禮進三十七人朝唐獻金銀佛像各一二月己丑唐主御麟德殿召對宴賜有差十一月使獻鷹鶻十二月大孝貞等五十九人朝三年正月唐賜我使者卯貞壽等官告二月甲子賜我使者大昌慶等官告三月丙午賜我使者官告七月壬子大庭俊等一百一人朝四年二月使朝癸卯賜我使者錦綵銀器庚戌授我使者高宿滿等二十人官並國信三月甲戌賜我使大誠愼等錦綵十一月遣使朝貢

簡王大明忠太始元年遣使朝貢

宣王大仁秀建興元年唐元和十三年也遣李繼常等二十六人朝且告王大明忠之喪三年二月使朝唐主憲宗對於麟德殿賜宴十二月使朝貢亦對於麟德殿五年正月使朝貢唐主穆宗對於麟德殿七年二月大聰叡等五十人朝備宿衛平盧節度使薛平押領至長樂驛唐命中官持酒脯迎宴冊府元龜蓋定制也八年三月九年二月十年

四月十一年十二月十二年十二月十三年十二月並遣使朝貢

大彝震咸和元年唐文宗太和四年也十一月遣使朝貢二年二月王子大明俊六人朝丙辰對於麟德殿宴賜三年遣中書同平章事高寶英謝冊命二月王子大光晟六人朝己卯對於麟德殿宴賜六年十二月使朝貢七年正月王子大明俊賀正對於麟德殿宴賜八年二月使朝賜錦綵銀器九年十二月王子大延廣朝貢十六年使朝明年正月我使者朝於宣政殿己未對於麟德殿賜食內亭子賚錦綵器皿有差是月己丑王子大之蕚朝（舊書武宗紀案會昌六年正月無己丑疑爲己巳之悞）

大虔晃世史闕

大玄錫嗣位之三年唐懿宗咸通十四年也王遣崔宗佐如唐賀平徐州寇龐勛航海遇風漂至日本國不達而還（日本史唐傳）餘史闕

大諲譔嗣位之七年梁開平元年也是年五月王子大昭順如梁貢

海東物產八年二月梁加我朝貢使殿中少令崔禮光爵秩賜金帛有差九年三月相大誠諤如梁進兒女口及貂鼠熊皮等物十一年八月遣使朝獻方物於梁十二年五月王子大光贊如梁進方物閏五月梁以分物銀器賜渤海進貢首領以下二十四年爲後唐同光二年正月王子大禹謨朝貢五月王姪大元讓貢方物庚申唐主賜分物有差八月王姪學堂親衛大元謙朝授試國子監丞二十五年二月政堂省守和部少卿裴璆朝於唐貢人葠松子昆布黃明細布貂鼠皮被一褥六髮靴革奴子二五月唐授裴璆右贊善大夫二十六年爲後唐明宗天成元年使大陳林等百一十六人朝進兒女口各三人人葠昆布白附子虎皮等七月使大昭佐等六人朝貢五代會要

渤海於拂涅故地置東平府鐵利故地置鐵利府越喜故地置懷遠府府設都督府所屬州爲刺史唐書統稱之曰首領時時貢方物於中國拂涅亦稱大拂涅開元天寶間八朝鐵利開元中六朝越喜七

朝貞元中一朝虞婁貞觀間再朝貞元一朝後渤海盛靺鞨皆役屬
之不復與王會矣諸部隸於渤海未審始於何王故朝於唐依冊府
元龜紀唐年
大拂涅靺鞨開元二年二月首領央異蒙央一作失朝四年閏十二月大
首領朝五年三月遣使獻方物六年二月遣使朝授中郎將七年正
月遣使朝賜帛五十匹二月遣使貢方物八月遣使獻鯨鯢魚睛貂
鼠皮白兎貓皮九年十一月大首領朝拜折衝十年九月如價朝授
折衝十一年十一月朱施蒙朝授郎將十二年二月大首領魚可蒙
朝授郎將十三年三月薛利蒙朝授折衝十八年正月兀異朝獻馬
四十匹授武衛折衝賜帛三十段二十三年八月使朝留宿衛二十
四年八月使朝獻方物二十五年首領兀異朝授中郎將二十七年
二月遣使獻方物二十九年三月遣首領那弃勃賀正獻方物
鐵利靺鞨開元二年二月大首領闥許離等朝六年二月使朝授中

郎將七年正月使朝九年十一月大首領朝授折衝十年九月買取利等六十八人朝授折衝十月可婁計朝授郎將十一年十一月倪處梨朝授郎將十二年二月淏池蒙朝授將軍五月又遣使朝授折衝十三年三月大首領封阿利等十七人朝授折衝十五年二月米象朝授郎將十一月首領失伊蒙朝授果毅二十三年八月使朝二十四年八月使朝獻方物二十八年二月遣其臣綿度戶獻方物

越喜靺鞨開元二年二月大首領烏施可蒙朝七年正月遣使朝賜帛五十匹十年十月茂利蒙朝授郎將十一年十一月勃施計朝授郎將十二年二月奴布利等十二人朝並授郎將十二月使破支蒙賀正並獻方物十三年三月苾利施朝授折衝二十三年八月使朝九月遣使獻方物二十四年首領聿棄計朝授折衝二十七年二月獻方物二十八年二月遣其臣野古利獻方物二十九年二月烏舍利賀正授郎將貞元十八年正月首領朝貢

交聘日本

日本在東海中與渤海東京龍原府南京南海府隔海相望唐書渤海龍原府爲日本道南海府爲新羅道然渤海通於日本亦有時道南海府也日本地勢横狹而從長海行遭風往往漂至其屬國地渤海使所經歷見於日本史者曰蝦夷今屬北海道曰陸奥國出羽國今屬東山道陸奥去渤海可三千里也(多賀城碑)曰越後國越中國能登國加賀國越前國今屬北陸道曰丹後國但馬國伯耆國出雲國今屬山陰道島根郡則處伯耆出雲二國間曰長門國今屬山陽道曰筑紫國薩摩國今屬西海道曰對馬國在筑紫之北朝鮮之南海峽中孤島也日本國都元明和銅三年以後建於平城桓武延曆十三年以後建於山城均與越前丹後二國近而位於其南今爲畿内道日本以其都在國之西南也故以渤海使抵北道爲違禁日本嘗取任那侵掠高麗百濟新羅諸國役屬之自帝海上新羅使至領客使

錄國書奏聞凡稱修鄰好者卻其書與使放還不賓禮不屆聘期亦如之使無船糧則飭所在官司量給渤海距日本遠武王時一通使文王在位五十七年通使者十康王嗣位往還頻數繼定六年一聘大彝震以後改爲十二年一聘聘有大使副使其下有判官錄事從者衆至千餘人少或數十以百有五人時爲多使既至日皇御殿賜對賜宴賜物授使者以下官位如唐待蕃國禮其還也則遣人送至國日本遣使報聘渤海王當賓禮之其詳不可得聞也武王仁安元年日本遣渡島津輕津司等來觀風俗八年王使寧遠將軍郎將高仁義如日本修好失道入暇夷境被虜害從官高齊德八人得脫齎國書詣其都平城明年正月日皇聖武帝御太極殿對高齊德等並授位贈物以從六位下引田蟲麻呂爲送使武王致日皇書曰左金吾衛大將軍渤海郡王大武藝啟山河異域國土不同延聽風猷但增傾仰伏惟大王天朝受命日本開基奕葉重光本枝百世武藝忝

當列國濫總諸蕃復高麗之舊居有扶餘之遺俗但以天涯路阻海漢悠悠音耗未通吉凶絕問親仁結援庶叶前經通使聘鄰始於今日謹遣寧遠將軍高仁義游將軍（游將軍疑爲游擊將軍）果毅都尉德周別將舍那婁等二十四人齎狀并附致貂皮三百張日皇報書曰天皇敬問渤海郡王省啓具知恢復舊壤聿修曩好朕以嘉之宜佩義懷仁監撫有境滄波雖隔不斷往來便因首領高齊德還附書并信物綵帛十疋綾十疋絁二十疋絲一百絇綿二百屯仍差送使發遣歸鄉漸熱想平安好其後兩國國書式視此文王大興二年日本入唐判官平羣廣成假途渤海歸國王使若忽州都督忠武將軍胥要德雲麾將軍已珍蒙護以行渡海遭風胥要德船覆溺死已珍蒙進所齎大蟲皮熊皮各七張貂皮六張人葠三十觔蜜三升致使命而還三年春日本遣外從五位下大伴犬養來報聘十六年輔國大將軍慕施蒙如日本日皇讓以書曰省來啟無稱臣名尋高麗舊記高氏上

表云親則兄弟義則君臣或乞援兵或賀踐祚修朝聘之恒式效忠款之懇誠故先朝善其貞節待以殊恩榮命之隆日新無絕惟王所知何假一二言也今歲之朝重無上表以禮進退彼此共同使還特宣意慕施蒙之行疑非王命也二十年日本太宰帥船王來聘日本史船王傳作寶字初故係於此二十一年日本使小野田守來聘告日本太上天皇聖武帝之喪二十二年遣輔國將軍木底州刺史兵署少正開國公楊承慶歸德將軍楊泰師爲弔祭使國書稱高麗國王疑承慶所易也日皇授承慶正三位泰師從三位並賜絲萬屯及女樂先是日本入唐大使藤原河淸留唐未返至是遣高元度內藏全成與承慶偕行往迎之時安祿山史思明相繼叛唐中國大亂王遣使楊芳度朝於唐挈元度行而使輔國將軍玄菟州刺史兼押衙官開國公高南申送全成歸國二十三年靑綬大夫壹萬福等如日本明年與元會以國書不注官品姓名被責問萬福皇恐請改書申謝日本始賓禮之

日皇報書曰天皇敬問高麗國王朕繼體承基臨御區宇思覃德澤寧濟蒼生率土之濱化有輯於同軌普天之下恩無隔於殊鄰昔高麗王高氏祖宗弈世介居瀛表親如兄弟義若君臣帆海梯山朝貢相繼逮乎季歲高氏淪亡自爾以來音問寂絕爰自神龜四年王之先考左金吾衞大將軍渤海郡王遣使來朝始修職貢先朝嘉其丹款寵待優隆王襲遺風纂修前業獻誠述職不墜家聲今省來書頓改文道日下不注官品姓名書尾虛陳天孫僭號遠度王意豈有是乎近慮事勢疑似錯誤故命有司停其賓禮但使人萬福等深悔前咎代王申謝朕矜其遠來聽其悛改王悉此意永念良圖昔者高氏之世兵亂無休爲假朝威彼稱兄弟方今大氏曾無事故妄稱舅甥於禮失矣後歲之使不可更然若能改往自新實乃繼好無窮耳春景漸和想王佳也今因回使指示此懷并贈物如別以武生鳥守爲送使二十四年日本使武藏介高麗大山來聘青山延于史略二十五年遣

政堂省左允開國男王新福聘於日本告以唐廣平王攝政史朝義弑父僭號三十四年復遣使聘以國書無禮被卻史略寶龜三年春正月渤海來貢以表文無禮卻之渤海遣使當是上年事故係之辛亥年三十六年復聘仍被卻史略國書即啓也日本史或稱國書或稱國啓或稱表無定義聘書報書或書高麗國王前後亦異文渤海與日本書用敵體日本必欲下之其後聘有定期不及期而往日本憚於賓禮其見卻以斯二者故也三十九年遣獻可大夫司賓少令開國男史都蒙賀日皇登極並弔王妃之喪於時日皇光仁帝即位七年矣都蒙等遇風漂至越前國判官高淑源百二十人皆溺死免者四十六人日皇敕越前國給食且詰[illegible]渤海朝貢使例向筑紫太宰府今取北路何也對曰外臣將命發自敝邑南海府吐號浦西指對馬島竹屋津海風靡定遽犯禁境非外臣所敢知也日本命以三十人入朝對使者曰都蒙率從者遠適上國中途蒙難多葬魚腹又令此十六人者別留海濱譬之割身分背情實

不忍惟王圖之乃聽同入朝例贈外加贈王黃金銀各百兩水精念珠四貫檳榔扇十枚以大學少允高麗殿嗣爲送使都蒙初入境日本妙選接伴使奈良麻呂孫淸友以良家子姿儀魁偉中選都蒙謂其風骨不常子孫當大貴後淸友女爲嵯峨帝后子橘氏公官至台輔終如都蒙之言（史略）四十年四十一年均遣使聘（史略）四十二年遣司賓少令張仙壽如日本賀正秋渤海押領鐵利使高洋弼抵日本出羽國日皇敕檢校渤海客使國書不如式貢道不趨筑紫不如約卻不受日本置檢校渤海客使檢省國書始此四十九年遣李元泰聘

康王大嵩璘正曆元年遣廷諫大夫工部郎中呂定璘告喪日本曰上天降禍祖大行大王以大興五十七年三月四日薨背善鄰之義吉凶相聞限以滄溟致緩赴告孤孫大嵩璘頓首又告即位文曰嵩璘視息苟延淹及祥制官僚感義奪志抑情起嗣洪基祇承先烈朝維依舊封城如初並致日本入唐學僧永忠等書日本哀其喪又以

使者途被刦掠遣上野介御長廣岳等爲押送使御長廣岳等返國王附書請聘期使人數不過二十國書如舊式而詞頗遜日本羣臣以爲不失禮誠款著見相與詣闕表賀四年日本專使內藏賀茂麻呂來許六年一聘使人不限數王遣慰軍大將軍左熊衛都將上柱國開國子大昌泰往聘並請促期日本使式部省少錄滋野船白報聘遣王書許以不限年十年日皇敕能登國建渤海客院自是渤海使至有存問使領客使領歸鄉客使郊勞使皆妙選儒臣充之定王永德元年使高南容聘於日本首領高多佛從留不還日皇處之越中國令史生羽栗馬長及諸生就習渤海語十一年高南容往聘日本以林東人爲送使信王朱雀二年使王孝廉往聘歸舟遇風迴至越前國病卒宣王建興二年使李承英聘四年使王文矩聘六年使貞泰璋璿聘姓並闕至加賀以大雪停存問使七年獻契丹大狗二口八年使高承祖聘十一年又使王文矩聘大彝震咸和十一年使政

堂省左允賀福延聘抵長門日本命領客使寫進渤海國書及中臺省牒案寫案進奏始此渤海中臺省有致日本太政官牒日本太政官有覆牒亦始此十八年使永寧縣丞王文矩聘時未屆十二年聘期也日本以文矩等海上遭風船破人存乃賓禮之明年夏引入京師使左近衛少將良岑宗貞就鴻臚館慰勞重午日皇御武德殿閱馬射令文矩陪宴文矩宣王時授正三位至是授從二位按日本授渤海使從二位前惟胥要德一人縣丞秩甚卑不應授疑所署官階誤也副使烏孝慎從四位上判官馬福山高應順並正五位下其餘授位有差大虔晃嗣位之二年遣政堂省左允烏孝慎聘並告即位時日本文德皇以去年八月薨清和皇繼立遺詔不許奔赴故不領我使入京師而還之于加賀國安置使處以大內記安倍清行直講苅田安雄爲存問兼領客使又以我副使周元伯能文章假島田忠臣加賀權大掾就館與元伯唱和四年使李居正如日本弔文德皇之喪居正嘗學於唐咸和四年歸國位公

卿年踰七十矣日本存問兼領客使曰違先王之制輙以弔來檢省
啟案亦多違例請卻還所謂違制者未屆聘期歟抑不許奔赴而奔
赴歟以違制違例之故不依例館待國啟信物亦不許奏達而以絁
百三十五疋綿千二百二十五屯賜使者一百五人別賜居正絁十
疋綿四十屯放歸本國大玄錫嗣立元年使政堂省左允正四品慰
軍上鎮將軍楊成規副使右猛賁衛少將正五品李興晟聘並告嗣
位日本以少內記都良香爲掌客使良香博聞彊記善文本姓都宿
禰名言道至是奏言姓名相配其義乃美若非佳令難示遠人請改
姓名爲都良香日皇許之中臺省牒日本太政官曰牒奉處分天涯
路阻日域程遙常限紀以修和亦期年而繼好鄰交有節使命無愆
音札相通歲月長久今者星霜易變雲物屢移一紀已盈實當躬覲
所以仰據前典迴尋舊規向日寄情發皇轉之一使占風泛葉踰渤
澥之闊波萬里途程寸心所指徃復雖邈欽慕良深謹差政事堂左

允楊承規令赴貴國尋修舊好宜準狀牒上日本國太政官者中臺省牒此稍佳故錄之信物大蟲皮七張豹皮六張熊皮七張蜜五斛日皐以去歲陰陽寮奏蕃使入朝當有不祥之事故成規等至不引見而授成規從三位與晟從四位下判官李國度賀王眞並正五位下成規有詞藻嫺於容止詔內藏寮迴易渤海貨物許國人與渤海人交關又出官錢四十萬賜成規等買百貨成規就掌客使請奉獻私齎受之日本又命學士賜曲宴饗賚優渥三年日本歸我賀唐平徐州使崔宗佐等六年使政堂省孔目官楊中遠往聘並謝其歸我賀唐使也東抵出雲國島根郡以違制聘覲被卻十二年遣文籍院少監裴頲等一百五人聘冬抵加賀國明年夏日本以大藏善行高階茂範爲存問兼領客使既入京又以右衛門大尉版上茂樹文章得業生紀長谷雄等爲掌客使式部少輔菅原道眞權行治部大輔事美濃介島田忠臣權行玄蕃頭事日皇御豐樂殿賜宴授頲從三位副使高周

封正四位下並賜朝服重午日皇御武德殿觀騎射召頲等預觀賜錄事以上續命縷頲亦獻私齎遣內藏頭和氣彝範就鴻臚館交易貨物頲高才有風儀日皇嘉之賜御衣一襲敕菅原道眞等與頲唱和道眞博學敏文詞官至右大臣兼右近衛大將以碩儒宿德名於國中亟稱頲之才藻頲亦稱道眞詩有白居易體時白氏長慶集初流播日本學者頗衆惟道眞近之大藏善行島田忠臣紀長谷雄亦一時文學選也二十五年裴頲復往聘日本史特書曰勃海使裴頲來貴之也大諲譔嗣位之八年使裴璆往聘抵伯耆國日本以散位菅原淳茂爲掌客使兵部丞小野葛根文章生藤原守眞爲領客使詔左右馬寮及參議以上鞍馬迎璆夏四月抵日京璆頲之子淳茂道眞之子也頲奉使與道眞唱和及是璆淳茂亦相與唱和言及先人時事璆輒感泣異域之人兩世邂逅人以爲奇遇十八年復遣裴璆往聘璆前至日本授從三位至是進授正三位大江朝綱爲掌客

使朝綱亦博雅士也璆還國朝綱爲序贈之見雜識篇又有王龜謀者官文籍院少監以百有五人如日本未屆聘期也日本仍賓禮之有中臺省牒太政官覆牒並見日本本朝文粹文蕪淺不錄未知屬何王時也此篇據源氏日本史渤海傳諸臣傳彙采青山延于諸家史

比鄰新羅

新羅位於渤海之南與高句麗百濟共稱三國數與高句麗百濟連兵不能敵新羅王金春秋事唐謹受冊封奉正朔乃遣使乞師於唐唐遣蘇定方率師救之遂滅百濟百濟滅之明年春秋卒元子法敏繼立唐冊爲新羅王雞林州大都督立八年遣將助唐師入高句麗以其王寶藏歸高句麗遂滅又三十三年而渤海高王建國時新羅孝昭王之九年也高句麗盛時疆域廣大北有扶餘南踰鴨淥水浿水而都於浿水之上渤海高句麗北境也故朝鮮史以渤海爲北朝新羅爲南朝云兩國以泥河爲界泥河未明或謂新羅最北爲井泉

郡泥河當在今咸境南道德源左近武王仁安五年新羅聖德王徵何瑟羅道丁夫二千人築長城於北境備我也小田省吾朝鮮上世史何瑟羅道江原道江陵方面十三年王遣大將張文休浮海攻唐登州殺刺史韋俊唐帝玄宗遣中使及太僕員外卿金思蘭返新羅發兵擊我南鄙加授新羅王金興光爲開府儀同三司寧海軍使新羅使舊將金庾信之孫允中爲將以侵我亦唐命也適大雪路阻引軍還新羅乃請置戍浿江俟後命玄宗報書曰敕新羅王開府儀同三司使持節大都督雞林州諸軍事上柱國金興光頃者渤海靺鞨不識恩信負恃荒遠且爾逋誅卿嫉惡之情常以奮勵故去年遣中使何行成與金思蘭同往欲以叶謀比聞此賊困窮偷生海曲唯以抄竊作梗道路卿當隨近伺隙掩襲取之奇功若有所成重賞更何所愛又敕曰得思蘭表稱知卿欲於浿江寘戍既當渤海衝要又與祿山相望仍有遠圖固是長策且蕞爾渤海久已逋誅重勞師徒未能撲滅卿每疾惡深用嘉之

警寇安邊有何不可處置訖因使以聞明年二月冊府元龜作開元二十二年二月則武王之十五年新羅王興光從弟左領軍衛員外將軍忠信上表唐帝曰臣所奉進止令臣執節本國發兵馬討除靺鞨有事續奏者臣自奉聖旨誓將致命當此之時爲替人金孝方身亡便留臣宿衛臣本國王以臣久侍天庭遣從姪至廉代臣今已到訖臣即合還每思前所奏進止無忘夙夜陛下先有制加本國王興光寧海軍大使錫之旌節以討凶殘皇威載臨雖遠猶近君則有命臣敢不祗蠢爾夷俘計以悔禍然除惡務本布憲惟新故出師義貴乎三申縱敵患貽於數代伏望陛下因臣還國以副使假臣盡將天旨再宣殊裔豈惟斯怒益振固亦武夫作氣必傾其巢穴靜此方隅遂夷臣之小誠爲國家之大利臣等復乘桴滄海獻捷丹闈效毛髮之功答雨露之施臣所願也伏維陛下圖之又明年唐賜新羅浿江以南地先是唐滅百濟仍立前百濟大司稼正卿扶餘隆爲熊津都督守祭祀令與新羅和親

旣滅高句麗置安東都護府設都護領之新羅未能有其地也故數叛與唐戍軍相鬩唐削其官爵大發兵擊之新羅復稱臣至是以助唐擊我功獲有浿南地乃於故百濟地置三州故高句麗地置三州併已舊邦爲九州文王五十三年新羅王金敬信以一吉飡伯魚使於我定王永德四年新羅王金彥昇以級飡崇正使於我其史均書曰使於北國（三國史記新羅官制十七等七曰一吉飡九曰級發飡省文作級飡）北國猶北朝謂渤海也宣王建興九年彥昇徵漢山諸州郡萬人築長城浿江長三百里亦備我也（三國史記漢山郡在今朝鮮京城之北）朝鮮歷史謂宣王南定新羅新唐書謂渤海有弁韓故地疑當此時也景王二十二年新羅弓裔叛略北原東部十餘郡縣二十四年弓裔自北原入何瑟羅自稱將軍又四年弓裔取浿西道及漢山州管內各城自是渤海邊事愈急矣

移國契丹

契丹國於臨潢東與渤海接李盡忠孫萬榮之陷營州渤海大氏實

與之通故唐武后封大氏爲振國公而赦其罪大祚榮建國以後常屯勁兵於扶餘府扞契丹也突厥遣使渤海謀合兵擊契丹大武藝請命於唐欲執突厥使以獻自建國以訖大虔晃交聘通問史闕不可考大諲譔嗣王之初契丹阿保機兵力雄盛以與我壤地相接歲寇邊大諲譔七年陷我鐵利府及東平寨改鐵利爲州建東平寨爲鎭東軍而築長城於鎭東海口鐵利鎭東俱產鐵置採煉者三百戶令隨賦貢納十八年王遣使往聘是年陷我遼陽城明年改爲東平郡修故城以渤海戶及漢民實之後建爲南京復改東京尋又陷我東平府改爲遼州二十四年遷薊州民實之王殺其薊州刺史張秀實六月阿保機西征吐渾党項阻卜諸部詔有丙戌初秋必有歸處未終兩事豈負親誠語明年六月歸自西征十二月又詔曰所謂兩事一事已畢惟渤海世讐未雪豈宜安駐乃大舉兵入寇其后述律氏皇太子倍次子大元帥堯骨皆從阿保機之入寇也軍行飈急十

二月丁巳夜圍扶餘城明年正月庚午城陷凡四日丙寅遣安端蕭阿古只將萬騎趨上京忽汗城戊辰夜圍之凡三日王震懼遂降諸府州倉卒未及奔命然猶爲王守阿保機改渤海爲東丹國封其太子倍爲人皇王鎮之國置中臺省左右大相各一人左右次相各一人三月班師命王舉族以從而令堯骨率諸將擊渤海府州之拒命者七月乙酉阿保機卒於扶餘府詔所謂兩事者均畢丙戌初秋必有歸處之言亦驗是年三月長嶺府舉兵抗契丹五月鄚頡定理二府亦拒命七月鐵州刺史衞鈞舉兵契丹將安端劉安邊帥二人堯骨攻鄚頡定理十日城潰攻鐵州十日城亦潰惟長嶺堅守閱六月之久康默記韓延徽迭攻之不能克鴨淥府聞諸府被兵遣騎七千赴援爲蕭阿古只所敗乘勝陷我回跋城長嶺亦不守十一月堯骨嗣帝位遂爲太宗人皇王倍奔喪留不遣東丹右次相耶律羽之上書曰渤海昔畏南朝阻險自衞居忽汗城今去上京遼邈既不爲用

又不罷成果何爲哉先帝因彼離心乘釁而動不戰而克天授人與彼一時也遺種寖以蕃息今居遠境恐爲後患梁水之地乃其故鄉地衍土沃有木鐵鹽魚之利乘其微弱徙還其民萬世長策也彼得故鄉又獲木鐵鹽魚之饒必安居樂業然後選徙以翼吾左突厥党項室韋夾輔吾右可以坐制南邦混一天下成聖祖未集之功貽後世無疆之福表奏太宗嘉納之詔徙東丹國民於梁水梁水亦名太子河西南流會遼河以入於海遼東東平府屬川也天顯三年既遷東丹國於東平五年四月人皇王倍始之國十一月浮海適唐又二十年世宗以安端主東丹國又四年安端卒不復置王而東丹之名以沒其中臺省左右大相次相則省於景宗乾亨元年自東丹國南遷契丹經營河朔不復東顧於是渤海東境北境有鐵利定安兀惹諸國蒲奴里諸部東南境有白山女直三十六部遼史北面部族亦別有渤海部西北渤海部計其所得地不能三分之二也渤海人素

以驍勇聞阿保機既以其俘編入算斡魯朵堯骨復以餘俘編入國阿輦斡魯朵遼語心腹曰算牧國曰國阿輦斡魯朵則宮也是謂宮衛又設立渤海帳司其官制有宰相有太保（遼史有渤海宰相羅漢渤海太保夏行美）有撻馬有近侍詳穩司遼史百官制曰遼太祖有帝王之度者三代遙輦氏尊九帳於御營之上一也滅渤海國存其族帳亞於遙輦二也併奚王之衆撫其帳族擬於國族三也是謂北面諸帳官東方諸部嘗以渤海人爲節度雖移其國而未嘗歧視其人也遼置五京以渤海國爲東京其州若縣或徙渤海人置或徙渤海人居之猶故國也若他京州縣以渤海人徙置者上京縣八易俗遷遼渤海咸寧扶餘顯理長樂安民中京縣一安化徙渤海人雜居之者上京縣九長泰定霸保和潞宣化長霸富義義豐臨河州一鎮中京縣二盛吉海濱州三恩黔嚴

再建國

申甫先生記渤海事原有再建國一篇載哀王大諲譔以後國統事以門下士陳祇堂君元愼建言去之別繫其事迹於各篇下茲將陳氏說帖錄左以徵事實奉寬識

鈞著紀渤海至大諲譔止查宋史渤海傳阿保機死渤海王復攻夫餘不能克歷長興清泰遣使朝貢周顯德初其酋豪崔烏斯等三十人來歸其後隔絕不能通中國太平興國四年其酋帥大鸞河率小校李勛等十六人部族三百騎來降胡三省通鑑唐貞元十年嵩璘立注云渤海更五代以至於宋耶律齠加兵不能服也由此觀之似渤海失夫餘後尙能立國然宋史渤海傳又載宋太宗賜烏舍城浮渝府渤海琰府王詔有云素聞爾國密邇寇讐迫於併吞力不能制因而服屬困於宰割等語則已夷爲部落而臣屬於遼矣考遼史聖宗紀二十一年（補注統和）四月戊辰渤海等五部（補注兀惹渤海奥里米越里篤越里古）遣使來貢又百官志有渤海軍都指揮使司

屬遼陽路控扼高麗則渤海實不能自主其國亦既明甚金史高麗傳渤海大氏至唐末稍衰自後不復有聞金伐遼渤海來歸蓋其遺裔也不爲立傳而附見於高麗可知其式微之甚不足齒於國也鈞著止於大諲譔極爲精審

遺民

渤海既亡其遺民往往據地建國亦或西歸中國南奔高麗其留者或仕於契丹金滅遼置渤海軍有猛安有謀克皆世襲熙宗世猶有存者

定安國在渤海東南部渤海亡遺臣烏氏糾合餘衆保於此宋史定安國本馬韓之種爲契丹所攻破其酋帥糾合餘衆保於西鄙案烏玄明自言渤海遺黎則宋史所紀不足據也建國改元自稱定安國立大祚榮裔孫烈萬華朝鮮歷史宋開寶三年因女眞遣使朝於中國附表貢方物太平興國中太宗方經營遠略討擊契丹使金張犄角之勢定安國固怨契丹侵侮不已聞宋師北伐欲藉以攄宿

忿得詔大喜六年冬附女眞使上表云定安國王烏玄明言伏遇聖
主洽天地之恩撫夷貊之俗臣玄明誠喜誠忭頓首頓首臣本以高
麗舊壤渤海遺黎保據方隅涉歷星紀仰覆露鴻鈞之德被漸漬無
外之澤各得其所以遂本性而頃歲契丹恃其强暴入寇境土攻破
城寨俘略人民臣祖考守節不降與衆避地僅存生聚以迄於今而
又夫餘府昨背契丹並歸本國災禍將至無大於斯所宜受天朝之
密畫率勝兵而助討必欲報敵不敢違命臣玄明誠懇誠願頓首頓
首表尾署元興六年十月日定安國王臣玄明表上聖皇帝前上答
以詔書曰敕定安國王烏玄明女眞使至得所上表以朕嘗賜手詔
諭旨且陳感激卿遠國豪帥名王茂緒奄有馬韓之地介于鯨海之
表彊敵吞併失其故土沈冤未報積憤奚伸矧彼獯戎尙搖蠆毒出
師以薄伐乘天災之流行敗衂相尋滅亡可待今國家已于邊郡廣
屯重兵只俟嚴冬即申天討卿若追念累世之恥宿戒舉國之師當

于伐罪之秋展爾復仇之志朔漠底定爵賞有加宜思永圖無失良便而况渤海願歸於朝化扶餘已背於賊庭勵乃宿心糾其協力克期同舉必集大勳尙阻重溟未遑遣使倚注之切寤寐寧忘以詔書付女眞使令齎以賜之端拱二年其王子因女眞使附獻馬雕羽鳴鏑淳化二年王子大元因女眞使上表後不復見（宋史）定安國王大氏烏氏迭見其理不可曉渤海亡始建國下訖淳化二年凡六十四年烏惹國文獻通考所謂烏舍城浮渝府琰府王也烏惹宋史作烏舍城遼史作兀惹部又作屋惹國明有烏喇國疑一地浮渝始見舊唐書地志即扶餘也字異而音略同烏惹舊屬渤海在黃龍府東北（奉使行程錄黃龍府即扶餘府改名）有戶萬餘（契丹國志）雖與鐵利同列遼屬國軍（遼史兵衞志）然不出征賦兵馬惟時進大馬蛤珠青鼠皮貂鼠皮膠魚皮密蠟諸物而已（契丹國志）建國之四十餘年己巳爲遼景宗保寧二年渤海燕頗爲黃龍府衞將殺都監張琚據城拒守遼遣敞史耶律曷里必討之

敗於治河（遼史阿魯不傳作破於鴨淥江地望不合）走烏惹城又十一年辛巳爲宋太平興國六年太宗大舉伐遼約發兵相應賜琰府王詔曰（李燾長編作賜渤海王詔）朕纂紹丕構奄有四海普天之下罔不率俾矧太原封域國之保障頃因竊據遂相承襲倚遼爲援歷世逋誅朕前歲親提銳旅盡護諸將拔并門之孤壘斷匈奴之右臂眷言弔伐以蘇黔黎蠢茲北戎非理搆怨輒肆荐食犯我封略一昨出師逆擊斬獲甚衆今欲鼓行深入席捲長驅焚其龍庭大殲醜類素聞爾國密邇寇讐迫於吞併力不能制因而服屬困於宰割當靈旗破敵之際是鄰邦雪憤之日所宜盡出旗帳佐予兵鋒俟其翦滅沛然封賞幽薊土宇復歸中原朔漠之外悉與相與勗乃協力朕不食言（宋史渤海傳）烏惹畏遼竟無應者（文獻通考）又十年辛卯宋以烏惹不通朝貢令女眞發兵攻之凡斬一級給絹五匹（文獻通考）明年始修遼貢又二年宋人浮海賂女眞及烏惹使叛遼女眞以告於遼（遼史聖宗紀續通鑑）明年烏惹酋長烏昭度與燕頗同

侵鐵利遼遣奚王和朔奴東京留守蕭恒德東京統軍使耶律奴瓜討之以耶律斡臘爲行軍都監軍次鐵利數月不敢進既至請降不許乃急攻之利俘掠也昭度率衆死守隨方捍禦虛構戰棚埤堄間誘敵軍登陴俄而枝柱折登者盡覆和朔奴計窮欲引退蕭恒德曰師久無功遽歸諸部謂我何若深入多獲視徒返瘉也斡臘曰吾懼其得失不相償也恒德不從進略東南諸部至高麗北鄙還道遠糧絕士馬多死亡昭度尋款服自計非遼敵也又以地遠乞歲時免進鷹馬貂皮遼詔以生辰正旦貢如舊餘免又二年己亥遼納烏惹叛人烏昭慶又五年甲辰女眞致昭慶妻子於遼謂獲而獻之也自是烏惹復與遼絕其後鐵利國數以烏惹戶獻於遼蒲盧毛朶部多烏惹戶遼主詔索之（遼史大康又傳烏惹戶三字作渤海人）甲辰之後又百有十年癸巳爲遼天祚天慶三年偕鐵利同附於女眞（遼史屬國表）宋人不知忌女眞而顧虞渤海之擾其邊也歸女眞後之四年宋臣疏言登州與渤海

相望熙寧中巡檢每季下海駞基島駐劄以駞基石爲界自北朝通好不曾根理深慮渤海相近作過則駞基寨孤立乞以末島嗚呼島爲界併欽島添置卓望兵令戍守往來巡邏宋主詔令指畫聞奏不得希功生事許亢宗奉使行程錄自黃龍府東行二百十里至古烏舍寨寨枕混同江湄當即烏惹國故墟也

鐵利國唐鐵利部也利高麗史同遼史作驪北盟會編作離在黃龍府北數自通於唐見朝貢中國篇亦嘗附渤海使通於日本見日本史後爲渤海鐵利府渤海之屬於契丹改府爲州鐵利遺民仍建國稱王遼史所謂鐵驪國王府是也國介於契丹高麗二大國間聘使不絕周顯德元年甲寅其國王那沙遣女眞萬豆如高麗獻馬及貂鼠青鼠皮高麗王亦遣使報聘其後復請曆日於高麗高麗許之宋開寶間亦嘗貢馬於宋遼聖宗開泰元年送兀惹戶百餘至賓州遼賜以絲絹那沙以佛像儒書爲請遼主復賜以護國仁王佛像一易詩書春秋禮記各

一部國雖小崇尚文教猶有渤海諸王風也女眞侵遼邊遼發黃龍府鐵驪軍拒之當亦那沙主國時事遼命鐵利與越里篤奥里米剖阿里蒲奴里五部歲貢貂皮六萬五千馬三百又置屬國軍有事則遣徵兵或下詔專征不從者討之助衆多寡多從其便無常額鐵利兀惹皆與焉天祚天慶三年鐵利偕兀惹同歸女眞與遼絶又十一年而遼亡遼史高麗史契丹國志

興遼國大延琳者渤海國始祖大祚榮裔孫也鄭麟趾高麗史作大祚榮七世孫世數疑有誤爲契丹東京舍利軍詳穩時戶部使韓紹勳厚斂民不堪命延琳因以舉事遼聖宗開泰九年囚留守駙馬蕭孝先及南陽公主殺韓紹勳等即位號其國爲興遼建元天慶以大延定爲太師劉忠正爲行營都都署大慶翰李匡祿等爲寧郢各州刺史鄭麟趾高麗史世家五時南北女眞皆附延琳西取瀋州不克及諸道兵次第皆至延琳嬰城固守其將楊詳世密送款夜開南門納遼軍被擒延琳以太平九年八

月僭號明年八月亡（遼史聖宗紀）郢州刺史李匡祿詣高麗乞援聞國亡

遂留不歸（高麗史）

古欲（譯作古裕）饒州渤海人也遼天祚天慶五年二月結構頭下城以叛自稱大王有步騎三萬人遼使蕭謝佛留討之爲古欲所敗遼使南面副部署蕭陶蘇斡爲都統益兵來攻復敗之六月丙辰爲蕭陶蘇斡所破獲死者數千人（遼史）

大元國高永昌者渤海世族也仕於遼爲東京留守蕭保先禆將保先嚴酷渤海人苦之共殺保先而立永昌天祚天慶六年二月僭稱皇帝國號大元建元隆基貴德州守將耶律余睹以廣州渤海來附五月金軍破東京永昌被擒凡四月而敗

其歸中國者五季唐同光四年七月渤海前入朝使高正詞授太子洗馬周顯德元年渤海國烏思羅等三十人來歸宋太平興國四年太宗平晉陽移兵幽州渤海酋帥大鸞河率小校李勳等十六人部

族三百騎與范陽軍民二百餘人（李燾長編大灤河作達蘭罕譯音之變也）來歸宋以灤河爲渤海都指揮使九年宋主宴大明殿召灤河撫慰久之謂殿前諸校劉延翰曰俟高秋戒候當與駿馬數十匹令出郊遊獵以遂其性因賜以酒暨緡錢十萬（文獻通考）

其奔高麗者高麗太祖乙酉八年九月丙申渤海將軍申德等五百人來附庚子禮部卿大和鈞司政大元鈞工部卿大福謩左右衛將軍大審理等一百戶來附丁亥十年三月工部卿吳興等百一十人來附此知國之將亡而先去之者也戊子十一年正月渤海國亡秋七月渤海人大儒範率衆來附九月隱繼宗等來附見於天德殿三拜人謂失禮大相含弘曰失土人三拜古之禮也己丑十二年九月渤海正近等三百人來附甲午十七年秋七月渤海國世子大光顯率衆數萬來奔賜姓名王繼附之宗籍見宗子篇賜僚佐爵軍士田宅有差戊戌二十一年渤海朴昇以三千餘戶來附景宗己卯四年

渤海人數萬來附高麗史

其事東丹國者曰老相爲右大相曰司徒大素賢爲左次相見遼史

曰裴璆見雜識篇

其事契丹而顯者曰高模翰曰夏行美曰大康乂曰大公鼎遼史皆

有傳

其仕契丹登第官校書郎後奔女眞勸阿骨打即帝位者曰楊朴渤

海鐵州世族也契丹國志

金初興以渤海軍爲八猛安其下有謀克猛安者千夫長也謀克者

百夫長也皆世襲熙宗皇統五年始罷遼東渤海猛安謀克承襲之

制惟大臭以舊臣依舊世襲千戶大臭官至尚書右丞相東京留守

累封漢國王子大磐仍襲猛安又有大懷貞者亦遼陽人官至彰德

軍節度使

雜識

營州上都督府在京師東北三千五百八十九里至東都二千九百一十里舊唐書地理志

平盧軍節度使鎮撫室韋靺鞨統平盧盧龍二軍榆關守捉安東都護府平盧軍節度使治在營州平盧軍在營州城內盧龍軍在平州城榆關守捉在營州城西四百八十里安東都護府在營州東二百七十里至德以後平盧軍節度使治青州管淄青登萊四州舊唐書地理志

愼州武德初置隸營州領涑沫靺鞨烏素固部落萬歲通天二年移於淄青州安置神龍初復舊隸幽州天寶領縣一戶二百五十口九百八十四同上

黎州載初二年析愼州置處浮渝靺鞨烏素固部落隸營州都督萬歲通天元年遷於宋州管治神龍初還故隸幽州都督天寶領縣一戶五百六十九口一千九百九十一同上案浮渝即扶餘字異而音同

漢地東至樂浪玄菟今高麗渤海是也今在遼東非唐土也舊唐書地理志

原注

安東都護府總章元年九月置治平壤城上元二年移遼東郡故城儀鳳二年移新城聖曆二年改都督府神龍元年復爲都護府開元二年移平州天寶二年移遼西故郡至德後廢領羈縻州十四去京師四千六百二十五里至東都三千八百二十里（新唐書地理志）

營州西北百里曰松陘嶺其西奚其東契丹距營州北四百里至涅水營州東百八十里至燕郡城又經汝羅守捉渡遼水至安東都護府五百里府故漢襄平城也東南至平壤城八百里西南至都里海口六百里西至建安城三百里故中郭縣也南至鴨淥江北泊汋城七百里故安平縣也自都護府東北經古蓋牟新城又經渤海長嶺府千五百里至渤海王城城臨忽汗海其西南三千里古肅慎城其北經德理鎮至南黑水靺鞨千里（同上）

登州東北海行過大謝島龜歆島末島烏湖島三百里北渡烏湖島至馬石山東之都里鎮二百里東傍海壖過靑泥浦桃花浦杏花浦

石人汪槖駝灣烏骨江八百里乃南傍海壖過烏牧島浿江口椒島得新羅西北之長口鎮又過秦王石橋麻田島古寺島得物島千里至鴨淥江唐恩浦口乃東南陸行七百里至新羅王城自鴨淥江口舟行百餘里乃小舫泝流東北三十里至泊汋口得渤海之境又泝流五百里至九都縣城故高麗王都又東北泝流二百里至神州又陸行四百里至顯州天寶中王所都又正北如東六百里至渤海王城同上九都即丸都

張建章太和中爲幽州判官撰渤海國記唐書藝文志嘗賚元戎命往渤海回及西岸經太宗征遼碑半在水中建章則以帛苞麥屑置於水中摸而讀之不失一字官至幽州行軍司馬册府元龜南部新書案行軍司馬位節度副使之下判官之上張建章之使渤海新舊唐書俱逸之

韓翃有送王誕渤海使赴李太守行營詩少年結客散黃金中歲連兵掃綠林渤海名王曾折首漢家諸將盡傾心行人去指徐州近飲

馬回看泗水深喜見明時鍾太尉功名一似舊淮陰全唐詩

温庭筠有送渤海王子歸國詩云疆理雖重海詩書本一家盛勳歸舊國佳句在中華定界分秋漲開帆到曙霞九門風月好回首即天涯同上震鈞渤海國志曰王子史失其名其曰佳句在中華是其人能詩

張籍贈海僧詩別家行萬里自說過扶餘學得中州語能爲外國書與醫收海藻持咒取蟲魚更問重來伴天臺幾處居同上案扶餘屬於渤海久矣詩稱扶餘舉其舊國名實過渤海也

左允裴頲子璆大諲譔八年五月以大使修聘日本將回國日本法皇附書與頲曰裴公足下昔再入覲光儀可愛遺在人心余是野人未曾交語徒想風姿北望增戀方今名父之子禮畢歸鄉不忍方寸聊付私言嗟乎余栖南山之南浮雲不定君家北海之北嶮浪幾重一天之下宜知有相思四海之內莫怪不得名栖鶴洞居士無名謹狀未題延喜八年五月十二日日本藤原明衡本朝文粹法皇者醍醐帝之父宇

多天皇也時禪位八年矣原書裴頲作裴迺未喻
渤海王孝廉充聘日本大使有從出雲州書情寄兩箇敕使詩云南風海路連歸思北雁長天引旅情賴有鏘鏘雙鳳伴莫愁多日住邊亭又有奉敕張內宴詩春對雨探得晴字詩山花戲贈兩領客使並滋野貞主詩和坂領客對月思鄉見贈詩日人錄其詩附入文華秀麗集

日本坂上今繼和渤海大使見寄之作賓亭寂寞對青溪（溪字原闕以意補之）處處登臨旅念悽萬里雲邊辭國遠三春烟裏望鄉迷長天去雁催歸思幽谷來鶯助客啼一面相逢如舊識交情自古與人齊（日本文華秀麗集）

日本滋野貞主春夜宿鴻臚簡渤海入朝王大使詩枕上宮鐘傳曉漏雲間賓雁送春聲辭家里許不勝感況復他鄉客子情（同上）

日本滋野貞主春日奉使入渤海客館詩蒼茫渤海幾千里五兩舟

中送一年鯷壑艱辛孤跡度鯨濤殺怕遠情傳春鴻愛暖去江水旅客看雲北海天曉籟莫驚單宿夢他鄉覺後不勝憐日本詩紀

日本坂上今雄秋朝聽雁寄渤海入朝高判官釋錄事詩大海途難涉孤舟未得迴不如關隴雁春去復秋來日本文華秀麗集

日本桑原腹赤和渤海入覲副使公賜對龍顏之作渤海望無極蒼波路幾千瞻雲遙驟水就日遠朝天慶自紫霄降恩將丹化宣以君吳札耳應悅聽薰絃同上

日本大江朝綱夏夜於鴻臚館餞北客序曰延喜八年天下太平海外慕化北客筭彼星躔朝此日域望扶木而鳥集涉滄溟而子來我后憐其志褒其勞或降恩或增爵於是餞宴之禮已畢儆裝之期忽催夫別易會難來遲去速李都尉於焉心折宋大夫以之骨驚想彼梯山航海凌風穴之烟嵐迴棹揚鞭披龜林之蒙霧依依然莫不感忘遐之誠焉若非課時媒而寬愁緒攜歡伯而緩悲端何以續寸斷

之腸休半銷之魂者乎於時日會鷁尾船艤龍頭麥秋動搖落之情桂月倍分隔之恨嗟乎前途程遠馳思於雁山之暮雲後會期遥霑纓於鴻臚之曉淚予翰苑凡叢楊庭散木媿對遼水之客敢陳孟浪之詞云爾（日本國朝文粹）爲渤海使裴璆作也

日本紀在昌迭裴大使歸國詩序曰執徐之歲北客來朝候龍星之一周涉鼇波之千里朝家憐彼遠節賜以優寵其禮峻焉其恩深矣既而覲天儀畢歸蕃期至逼王程之有限歎友道之不終夫以人之送別別之傷人自然之感不覺而生昔尼父之去周老聃因以贈言子高之還魯季節於焉攬涕況乎天涯渺絶雲帆長歸馳思於烟驛則梯山之程難計通夢於波郵則航溟之路易迷於是燭燒紅蠟謌奏驪駒可以銷攀慕之魂可以穿悵望之眼今之相惜不其然乎於時桂月漸傾梅雨斜落勸紅螺而緩愁染紫毫以寫思君子之別良有以哉若予者久積丹螢之光未入白鳳之夢自忘鄙拙聊課庸音

云爾（日本國朝文粹）亦爲渤海使裴璆作也

咸通初有渤海僧薩多羅者寓於西明精舍云能通鳥獸之言往往聞鳥鵲燕雀啅噪則說休咎及閭巷間事如目擊者佛圖澄之聽鈴語不是過也一日秋暑方炎與小朝客數人聯騎將納涼於城西別墅路遇牝豕引諸豘而行喀喀有聲一朝士戲曰此猪有語否對曰有之人自不能諭也又問曰所語何對曰巨彘顧諸雛云行行行向前樹陰下喫妳料其不遠當遇官槐而止且飼羣子矣諸朝士頗奇之因緩轡以偵果逾溝不沒過圈不奔直抵木陰踞乳諸子爾後貴臣宅互迎問之無少差忒後中官主禁旅者將籍名於軍寺蕃僧不樂杖錫出京不知所往（唐高彥林闕史）

僧載雄者渤海亡卒五十人奔高麗殆義不食契丹粟者歟

僧靈仙苾蒭者未詳何許人禮佛五臺山渤海文王時日皇以黃金百兩授渤海使高承祖欲附致之苾蒭文王遣使入唐賀正命禮畢

詣五臺山訪之致日皇旨至則苾蒭已化去渤海使返國海行過塗里浦疾風暴起舟覆使與金俱沒日本史

契丹阿保機天贊三年甲申六月詔曰上天降監惠及烝民聖主明王萬載一遇朕既上承天命下統羣生每有征行皆奉天意是以機謀在已取舍如神國令既行人情大附舛訛歸正遐邇無愆可謂大含溟海安納泰山矣自我國之經營爲羣方之父母憲章斯在胤嗣何憂升降有期去來在我良籌聖會自有契於天人衆國羣王豈可化其凡骨三年之後歲在丙戌時值秋初必有歸處然未終兩事豈負親誠日月非遙戒嚴是速遼史太祖紀詔所謂兩事者一爲吐渾党項阻卜等部一爲渤海也天顯元年丙戌正月滅渤海七月班師次扶餘府阿保機卒丙戌秋初必有歸處至是乃驗

天贊三年十月契丹日益强盛遣使就唐求幽州以處盧文進時東北皆服屬惟渤海未服太祖謀南征恐渤海掎其後乃先舉兵擊渤

海之遼東遣其將禿欲及盧文進據平營等州以擾幽地師攻渤海無功而還（契丹國志）

渤海本與奚契丹爲脣齒國遼太祖初興吞併八部繼滅奚國渤海王大諲譔深憚之陰與新羅諸國結援太祖知之集議未決後遊獵有黃龍見所居氈屋上連發二矢殪之龍墜於前太祖喜曰是滅海之兆也遂平其國虜其主（同上）

渤海首領大舍利高模漢兵步騎萬餘人並髡髮左衽竊爲契丹之飾（同上補注寬按舍利五代會要云官震志云姓見國統篇讀此可知是官非姓）

遼東路置渤海軍都指揮使（同上）

儀坤州啟聖軍節度本契丹右大部地應天皇后建州回鶻糯思居之至四世孫容我梅里生應天皇后述律氏適太祖太祖開拓四方平渤海后有力焉俘掠有伎藝者多歸帳下謂之屬珊以所生之地置州（遼史地理志）

凡舉兵帝率蕃漢文武臣僚以青牛白馬祭告天地日神惟不拜月分命近臣告太祖以下諸陵及木葉山神乃詔諸道徵兵惟南北奚王東京渤海兵馬燕京統軍兵馬雖奉詔未敢發兵必以聞遼史兵衛志

渤海亡之四年東丹國遣使裴璆以九十三人聘於日本璆故渤海政堂省守和部少卿也嘗兩使日本承優禮至是復奉使通好日皇以契丹之滅渤海失信義且使者無人臣節重詰責之璆奉狀謝曰璆背眞向僞忍恥偷生不救先主於樽俎之間猥諂新王於兵戈之際望振鷺而面慚詠相鼠而股戰不忠不義罪無可逃卒不獲將命而還日本史

渤海亡之十五年契丹遣使如高麗修好遺橐駝五十匹高麗王建以契丹嘗與渤海連合背盟滅其國甚無道不足遠結爲鄰遂絕交聘流其使三十人於海島繫橐駝萬夫橋下皆餓斃高麗史

王寂遼東懷古詩李唐遺百六邊事失經營大氏十傳世遼人久用

兵戰場春草瘦戍壘暮煙平今日歸王化居民自樂生遼東行部志

年表上

渤海諸王立改年沒有謚新舊唐書間見之粤稽日本朝鮮諸史則渤海之元與謚二者加詳焉當有所據非虛構也禮國君即位踰年始改元三代以下帝王或不盡然偏方霸國宜可例視新書文王大欽茂之後有元義華璵二代華璵有元有謚而元義獨否疑有元失之謚則國人靳而不予也禮制隨時變易中外曆法復有異同並舉互書傳之以大事亦治史學者之要義歟

	渤海	唐（附梁、後唐）	日本	新羅	高麗	契丹
丙申	乞乞仲象元年唐封振國公	武后萬歲登封元年萬歲通天元年封乞乞仲象爲振國公	持統帝大化二年	孝昭王金理洪五年		
丁酉	二	武后神功元年	文武帝大長元年	六		
戊戌	三	武后聖曆元年	二	七		
己亥	四 敗唐將李楷固之師	二 遣李楷固討大祚榮敗還	三	八		

庚子	振國王渤海太祖祚榮天統元年	武后久視元年	四	九	
辛丑	二	武后大足元年長安元年	文武帝大寶元年		
壬寅	三	二	二	聖德王金興光元年	
癸卯	四	三	三	二	
甲辰	五	四	慶雲元年	三	
乙巳	六唐招撫使來因遣使入侍	中宗神龍元年遣張行岌招撫渤海	二	四	

丙午	七	二	三	五
丁未	八	景龍元年	四	六
戊申	九	二	元明和銅元年	七
己酉	十	三	二	八
庚戌	十一	睿宗景雲元年	三	九
辛亥	十二	二	四	十
壬子	十三	玄宗先天元年	五	十一
癸丑	十四唐封渤海郡王自是始稱渤海遣王子入朝	玄宗開元元年冊封國王大祚榮渤海郡郡王十二月渤海王子入朝	六	十二

甲寅	十五	二拂涅鐵利越喜三部俱來朝	七	十三	
乙卯	十六	三	元正靈龜元年	十四	
丙辰	十七	四拂涅部來朝	二	十五	
丁巳	十八	五拂涅部來朝	元正養老元年	十六	
戊午	十九	六	二	十七	
己未	二十高王薨子大武藝嗣	七二月拂涅鐵利越喜三部使朝八月拂涅	三	十八	

	庚申	辛酉
	武王大武藝仁安元年唐冊王嫡男大都利行爲桂婁郡王日本觀風俗使來唐使來	二遣大首領朝於唐
部獻鯨鯢魚晴貂鼠皮白兔貓皮	八月冊渤海王嫡男大都利行爲桂婁郡王九月遣使如渤海告討奚契丹	九十一月渤海拂涅鐵利大首領俱朝
	四遣渡島津輕司等如渤海觀風俗	五
	十九	二十

壬戌	三 遣使入唐獻鷹	十 十月越喜首領朝 十一月渤海獻鷹	六	二十一
癸亥	四	十一	七	二十二
甲子	五 新羅築長城於北境以備我 遣使入唐賀正	十二 二月渤海使賀正 十二月越喜使賀正獻方物	聖武帝神龜元年	二十三 築長城北境備渤海
乙丑	六 遣使入唐賀正 遣王弟大昌勃價入唐宿衛	十三 正月渤海使賀正獻方物 渤海王弟大昌勃價朝留備宿衛	二	二十四

丙寅	丁卯
七 遣嫡男大都利行王子大義信入唐宿衛遣母弟門藝伐黑水門藝奔唐	八 王弟大昌勃價歸自唐遣弟大寶方朝於唐
十四 四月渤海王嫡男大都利行朝留宿衛十一月渤海王子大義信朝獻方物渤海王母弟門藝來奔	十五 封渤海王弟大昌勃價襄平縣開國男遣歸國八月
三	四 渤海使始來
二十五	二十六

		渤海王弟大寶方朝		
戊辰	九 唐歸我嫡男大都利行之喪遣使入唐朝	十六 歸渤海王嫡男大都利行之喪	五	二十七
己巳	十 遣弟大胡雅大琳先後入唐宿衛	十七 二月渤海獻鷹又獻鯔魚渤海王弟大胡雅大琳先後來朝留備宿衛	天平元年	二十八

庚午	十一 遣弟大郎雅入唐賀正備宿衛又兩遣使貢獻	十八 渤海王弟大郎雅來賀正留備宿衛又兩遣使貢獻	二	二十九		
辛未	十二 遣使入唐賀正又兩遣使朝	十九 渤海使賀正又兩遣使朝	三	三十		
壬申	十三 遣大將張文休寇唐登州	二十 渤海寇登州	四	三十一		

癸酉	十四 新羅攻我南境	二十一 詔大門藝發兵討渤海詔新羅發兵擊渤海南境	五	三十二 春唐命命金允中率師擊渤海南境
甲戌	十五	二十二	六	三十三
乙亥	十六	二十三 賜新羅浿江以南地八月拂涅鐵利越喜使朝獻方物	七	三十四 唐以擊渤海功賜浿江以南地
丙子	十七 遣弟大蕃朝於唐	二十四 渤海王弟大蕃來朝	八	二十五

丁丑	戊寅
十八 遣使入唐獻鷹鶻 遺使入唐送水手並唐沒落人 武王薨子大欽茂嗣	文王大欽茂大興元年 遣使入唐獻貂皮乾文魚 遣使入唐寫書日本入唐使假途歸國遣使送之
二十五 渤海使獻鷹鶻 渤海使送水手及沒落人 遣使如渤海弔祭冊立	二十六 渤海使來獻貂皮十張乾文魚百口 渤海來寫書
九	十 入唐使假途渤海歸國 渤海使來 遣使如渤海
孝威王金承慶元年	二

己卯	庚辰
二 遣使入唐謝恩 日本使來	三 遣使入唐 獻貂皮 日本使來
二十七 二月渤海獻鷹拂湼使獻方物十月渤海謝恩使來	二十八 渤海貢貂皮鐵利越喜使獻方物以平盧節度使兼押渤海黑水兩蕃使
十一	十二 遣使如渤海
三	四

辛巳	四 遣使入唐賀正又遣使進鷹鶻	二十九 春渤海拂涅越喜使賀正四月渤海進鷹鶻	十三	五
壬午	五	天寶元載	十四	景德王金憲英元年
癸未	六 遣弟蕃入唐宿衞	二 渤海王弟朝留宿衞	十五	二
甲申	七	三	十六	三
乙酉	八	四	十七	四
丙戌	九 遣使入唐賀正	五 渤海使賀正	十八	五
丁亥	十 遣使入唐賀正獻方物	六 渤海使賀正獻方物	十九	六

戊子	十一 遣使入唐獻鷹	七 渤海使獻鷹	二十	七
己丑	十二 遣使入唐獻鷹	八 渤海使獻鷹	孝謙帝天平感寶元年勝寶元年	八
庚寅	十三	九 渤海獻鷹	二	九
辛卯	十四	十	三	十
壬辰	十五 遣使日本	十一	四 渤海使來	十一
癸巳	十六 遣使入唐賀正	十二 渤海使賀正	五	十二
甲午	十七 遣使入唐賀正	十三 渤海使賀正	六	十三

乙未	十八 徙都上京	十四	七	十四
丙申	十九 唐平盧留後使來乞師	肅宗至德元載平盧留後遣使乞師渤海	八	十五
丁酉	二十 日本使來	二	天平寶字元年	十六
戊戌	二十一 唐平盧節度使來乞師且告國難遣使入唐奔問官守日本使來	乾元元年平盧節度乞師渤海且告國難渤海使朝	二 遣使如渤海	十七

己亥	二十二遣使日本	二	三淳仁帝仍稱舊元渤海使來	十八
庚子	二十三遣使入唐賀正遣壹萬福如日本	上元元年	四	十九
辛丑	二十四日本使來	二渤海使賀正	五渤海使壹萬福來	二十
壬寅	二十五唐進爲渤海國王遣使日本	寶應元年進渤海郡王爲渤海國王	六	二十一
癸卯	二十六	代宗廣德元年	七	二十二

甲辰	二十七	二	八	二十三
乙巳	二十八	永泰元年以淄青平盧節度使押新羅渤海兩蕃使	稱德帝天平神護元年	惠恭王金乾運元年
丙午	二十九	大曆元年	二	二
丁未	三十五遣使入唐朝貢	二渤海使五至	神護景雲元年	三
戊申	三十一遣使入唐朝貢	三渤海使朝貢	二	四
己酉	三十二	四	三	五
庚戌	三十三	五	光仁帝寶龜元年	六

辛亥	三十四	六	二 渤海使來	七
壬子	三十五 遣使入唐朝貢 遣壹萬福聘于日本	七 渤海使朝貢	三	八
癸丑	三十六 遣使入唐朝貢	八 渤海使六至	四	九
甲寅	三十七 兩遣使入朝于唐	九 渤海使兩至	五	十
乙卯	三十八 四遣使入唐朝貢	十 渤海使四至	六	十一

丙辰	三十九遣使都蒙如日本	十一	七渤海使史都蒙來	十二
丁巳	四十三遣使入唐獻鷹獻日本舞女十一人獻方物	十二渤海使三至獻日本國舞女及方物	八	十三
戊午	四十一	十三	九	十四
己未	四十二遣使日本賀正	十四罷渤海歲貢鷹鶻	十渤海使來卻之	十五
庚申	四十三遣使入唐朝貢	德宗建中元年渤海使朝貢	十一	宣德王金良相元年

辛酉	四十四	二	天應元年	二
壬戌	四十五遣使入唐朝貢	三渤海使朝貢	桓武帝延曆元年	三
癸亥	四十六	四	二	四
甲子	四十七	興元元年	三	五
乙丑	四十八	貞元元年	四	元聖王金敬信元年
丙寅	四十九徙都東京遣使日本	二	五	二
丁卯	五十	三	六渤海使來	三
戊辰	五十一	四	七	四
己巳	五十二	五	八	五

庚午	五十三	六	九	六遣一吉湌伯魚使北國
辛未	五十四兩遣使入朝於唐又遣王子大貞翰朝留宿衛	七渤海使兩至一朝一賀正王子大貞翰朝留宿衛	十	七
壬申	五十五遣使入唐朝貢	八渤海使朝貢	十一	八
癸酉	五十六	九	十二	九
	五十七三月四日文王薨元	十渤海王子大清允朔	十三	十

甲戌	義嗣被弑成王大華璵中興元年華璵薨弟嵩璘嗣	授衞尉卿			
乙亥	唐王大嵩璘正曆元年唐冊立使來遣使日本告哀告即位	十一二月冊大嵩璘爲渤海郡王	十四	十一	
丙子	二遣使日本請聘期	十二	十五渤海使來告哀告即位	十二	

丁丑	戊寅	己卯	庚辰
三	四 日本使來 允六年一聘 唐冊立使來 日本使來	五 日本使來	六
十三	十四 三月進封渤海郡王大嵩璘爲渤海國王 王姪大能信朝	十五	十六
十六 日本羣臣以渤海國書辭遜詣闕表賀	十七 遣使渤海 渤海使來	十八 遣使渤海報聘	十九
十三	十四	昭聖王金俊邕元年	哀莊王金重興元年

辛巳	壬午	癸未	甲申	乙酉	丙戌
七	八	九	十 遣使入唐朝貢	十一	十二
十七	十八 越喜首領來	十九	二十 渤海使朝貢	順宗永貞元年 加渤海王大嵩璘檢校司徒	憲宗元和元年 加渤海王檢校太尉
二十	二十一	二十二	二十三 敕能登國造渤海客院	二十四	平成帝大同元年
二	三	四	五	六	七

丁亥	戊子	己丑
十三遣使入唐朝貢	十四康王薨子大元瑜嗣	定王大元瑜永德元年唐弔祭冊立使來七月日本使來遣使日本遣使入唐朝貢
二渤海使朝貢	三	四正月遣使如渤海弔祭冊立
二	三	四遣使如渤海
八	九	憲德王金彥昇元元

庚寅	二遣子大延眞入唐朝獻	五正月渤海使高才南來朝獻十一月渤海王子大延眞來朝獻方物	嵯峨帝弘仁元年渤海使來	二
辛卯	三	六	二	三
壬辰	四定王薨弟大言義立	七渤海使朝貢正月賜渤海使官告三十五通衣一襲	三	四遣級殄崇正使於北國

癸巳	甲午	
僖王大言義朱雀元年唐弔祭冊立使來兩遣使入唐朝獻	二遣使入唐朝貢遣使日本	三遣王子大
八正月遣使如渤海弔祭冊立十二月宴賜渤海使	九正月渤海使獻金銀佛像十二月渤海使獻鷹鶻	十正月二月
四	五渤海使來	六
五	六	七

乙未	丙申
庭俊朝於唐	四 僖王薨弟大明忠嗣
三月倶賜渤海使官告　七月渤海王子大庭俊朝	十一 渤海使兩至　二月賜渤海使銀絲銀器授高宿滿等二十人官並國信　三月賜渤海使錦縣
	七
	八

丁酉	簡王大明忠太始元年遣使入唐朝貢	十二	八	九
戊戌	宣王大仁秀建興元年遣使朝唐且告哀於唐	十三 五月冊大仁秀爲渤海國王	九	十
己亥	二 遣使入唐朝貢遣使日本	十四	十 渤海使來	十一
	三 遣使入唐朝貢	十五 閏正月加渤海王大仁秀金紫	十一	十二

庚子	辛丑	壬寅
	四 遣使日本	五
光祿大夫檢校司空二月十二月俱對渤海朝貢使於麟德殿賜宴加平盧軍押新羅渤海兩蕃使	穆宗長慶元年	二 正月對渤海使於麟德殿宴賜
	十二 渤海使來	十三
	十三	十四

癸卯	甲辰	乙巳	丙午
六遣使日本遣使朝唐	七	八遣使入唐朝貢	九
三	四二月渤海大聰叡朝留宿衛	敬宗寶曆元年三月渤海朝貢	二
十四	淳和帝天長元年渤海使至加賀以大雪敕停入京	二渤海使來	三
十五	十六	十七	金景徽元年築浿江長城三百里

丁未	十 遣使入唐朝貢	文宗太和元年四月對渤海使十一人於麟德殿賜宴	四	二		
戊申	十一 遣使入唐朝貢	二 十二月對渤海使於麟德殿賜宴	五 遣人至但馬放還渤海使	三		
己酉	十二 遣使入唐朝貢	三	六	四		
庚戌	十三 宣王薨大彝震咸和元年	四 渤海使朝貢	七	五		

	辛亥	壬子
遣使入唐朝貢	二 唐冊立使來 遣王子大明俊朝唐	三 遣使入唐謝冊命學生三人隨往王太子光晟等朝
	五 正月己丑冊大彝震爲渤海國王十一月渤海使朝貢	六 二月宴賜渤海王子大明俊等六人內養王宗禹歸自渤海
	八 渤海使來	九
	六	七

癸丑	四	七 正月渤海謝冊命使來學生三人來 二月宴賜渤海王子大光晟等六人	十	八
甲寅	五	八	仁明帝承和元年	九
乙卯	六	九	二	十
丙辰	七	開成元年正月對渤海賀正王子大明俊等宴賜	三	僖康王金悌隆元年

丁巳	八 遣使朝於唐	二	四	二		
戊午	九	三 十二月渤海王子大延廣朝	五	閔哀王金明口元年		
己未	十	四	六	神聖王金祐貞元年 文聖王金慶膺元年		
庚申	十一	五	七	二		
辛酉	十二 遣使日本	武宗會昌元年	八	三		
壬戌	十三	二	九 渤海使來	四		

癸亥	十四	三	十	五
甲子	十五	四	十一	六
乙丑	十六遣使朝唐	五對渤海使者宴賜	十二	七
丙寅	十七	六渤海使朝于宣政殿	十三	八
丁卯	十八	宣宗大中元年	十四	九
戊辰	十九遣使日本	二	嘉祥元年	十
己巳	二十	三	二渤海使來	十一
庚午	二十一	四	三	十二
辛未	二十二	五	文德帝仁壽元年	十三

壬申	二十三	六	二	十四
癸酉	二十四	七	三	十五
甲戌	二十五	八	齊衡元年	十六
乙亥	二十六	九	二	十七
丙子	二十七	十	三	十八
丁丑	二十八王彝震弟大虔晃嗣	十一	天安元年	憲安王金誼清元年
戊寅	大虔晃元年遣使日本	十二冊大虔晃爲渤海國王	二	二
己卯	二	十三	清和帝貞觀元年渤海使來	三
庚辰	三遣使日本被卻	懿宗咸通元年	二	四

辛巳	四	二	三 渤海使來卻之	景文王金膺廉元年
壬午	五	三	四	二
癸未	六	四	五	三
甲申	七	五	六	四
乙酉	八	六	七	五
丙戌	九	七	八	六
丁亥	十	八	九	七
戊子	十一	九	十	八
己丑	十二 王虔大玄錫嗣	十	十一	九
庚寅	景王大玄錫元年遣使日本	十一	十二	十

辛卯	二	十二	十三	十一		
壬辰	三 遣使賀唐平徐州遭風不達	十三	十四	十二		
癸巳	四	十四	十五 資送渤海賀唐平徐州使回國	十三		
甲午	五	僖宗乾符元年	十六	十四		
乙未	六	二	十七	憲康王金晸元年		
丙申	七 遣使日本	三	十八	二		
丁酉	八	四	陽成帝元慶元年渤海使來	三		

戊戌	九	五	二	四
己亥	十	六	三	五
庚子	十一	廣明元年	四	六
辛丑	十二	中和元年	五	七
壬寅	十三 遣裴頲使日本	二	六	八
癸卯	十四	三	七 渤海使裴頲來	九
甲辰	十五	四	八	十
乙巳	十六	光啟元年	光孝帝仁和元年	十一
丙午	十七	二	二	定康王金晃元年

丁未	十八	三	三	眞聖女王金曼元年		
戊申	十九	四	宇多帝仁和四年	二		
己酉	二十	昭宗龍紀元年	寬平元年	三		
庚戌	二十一	大順元年	二	四		
辛亥	二十二	二	三	五 弓裔叛略北原東部十餘郡縣		
壬子	二十二	景福元年	四	六		
癸丑	二十三	二	五	七		
甲寅	二十四	乾寧元年	六	八		
乙卯	大瑋瑎	二	七 渤海使裴頲至	九		

丙辰	丁巳	戊午	己未	庚申	辛酉	壬戌	癸亥	甲子
					哀王大諲譔元年	二	三	四
三	四	光化元年	二	三	天復元年	二	三	昭宣帝天祐元年
八	九	醍醐帝昌泰元年	二	三	延喜元年	二	三	四
十	十一	孝恭王金嶢元年弓裔取浿西道及漢山州管內各城	二	三	四	五	六	七弓裔稱帝
					痕德堇可汗立			討黑車子室韋大破之

乙丑	丙寅	丁卯	戊辰
五.新羅弓裔取我平壤以北地	六遣王子大昭順朝梁	七遣殿中少令崔禮光入梁朝貢遣裴璆使日本	八遣其相大誠諤入梁朝貢
二	三	梁太祖開平元年五月渤海王子大昭順貢海東物產	二正月加渤海朝貢使崔禮光已
五	六	七	八
八弓裔取平壤及淯西十三鎮	九	十	十一
	阿保機襲破北山奚	契丹阿保機即帝位元年	二

		下爵秩並賜金帛			
己巳	九	三 三月渤海相大誠諤進兒女口及貂鼠熊皮	九	十二	三
庚午	十	四	十	十三	四
辛未	十一 遣使朝梁獻方物	乾化元年 八月渤海獻方物	十一	十四	五
壬申	十二 遣使朝梁獻方物	二 五月渤海王子大光贊進方物閏五月賜渤海使分物銀器	十二	神德王朴景輝元年	六

癸酉	甲戌	乙亥	丙子	丁丑	戊寅	己卯
十三	十四	十五	十六	十七	十八遣使通好契丹契丹陷我顯德東平二府	十九
三	四	梁末帝貞明元年	二	三	四	五
十三	十四	十五	十六	十七	十八	十九
				景明王朴昇英元年	二	三
					高麗太祖王建建國改元天授	二
七	八	九	契丹阿保機神冊元年	二	三渤海使來貢	四

庚辰	二十	六	二十 渤海使裴璆來	四	三	五
辛巳	二十一	龍德元年	二十一	五	四	六
壬午	二十二	二	二十二	六	五	天贊元年
癸未	二十三	後唐莊宗同光元年	延長元年	七	六	二
甲申	二十四 遣姪大元讓大元謙先後朝於後唐 五月襲契丹遼州殺其刺史張秀實 七月契丹來攻	二 正月渤海王子大禹謨來朝 五月渤海王姪大元讓貢方物 八月以渤海王姪大	二	景哀王朴魏膺元年	七	三 渤海襲遼州殺刺史張秀實掠其民 七月攻渤海 九月師退 女直黃頭

	乙酉
九月契丹退兵女直黃頭室韋合勢攻之遣裴璆貢於後唐	二十五 遣大陳林等入唐朝貢 十二月契丹圍我扶餘府
元謙試國子監丞	三 二月渤海使裴璆來貢 五月以裴璆爲右贊善大夫
	三
	二
	八 渤海將軍申德禮部卿大和鈞司政大元鈞工部卿大福謩左右衛將軍大審理率民戶來奔
室韋合勢攻之	四 十二月契丹主親征渤海圍扶餘府

丙戌

二十六

正月契丹昭我扶餘府進攻上京王降三月王舉族從契丹西行七月王至契丹都城

唐明宗天成元年四月渤海使大陳林等朝貢七月大昭佐朝貢

四

三

九

天顯元年正月克渤海扶餘府進攻上京渤海王降三月班師使渤海王舉族以從七月渤海王至都于都西築城以居之

年表下

渤海亡後分建國

	丁亥	戊子	己丑
定安			
烏惹一曰扶餘			
鐵利			
中國	後唐明宗天成二年	三	四渤海使高正詞來獻方物
契丹	契丹太宗天顯二年	三	四
高麗女眞	高麗太祖王建天授十年渤海工部卿吳興等來附	十一	十二渤海王近等三百人來附

庚寅				長興元年	五	十三
辛卯				二	六	十四
壬辰				三	七	十五
癸巳				四	八	十六
甲午				閔帝應順元年 末帝清泰元年 元年	九	十七 渤海王世子大光顯率衆數萬來奔賜姓名王繼附之宗籍授光顯元輔使守白州以奉其祀賜僚佐爵軍士田宅有差

乙未	丙申	丁酉	戊戌	己亥	庚子	辛丑
二 渤海使列周義來獻方物	三 晉高祖天福元年	二	三	四	五	六
十	十一	會同元年	二	三	四	五
十八	十九	二十	二十一 渤海朴昇率三千戶來附	二十二	二十三	二十四

壬寅	癸卯	甲辰	乙巳	丙午
七	八	出帝開運元年	二	三
六	七	八	九	建國號曰遼改元大同世宗天祿元年
二十五契丹使來遣橐駝五十匹以背盟滅渤海國流其使于海島繫橐駝萬夫橋下皆餓死	二十六	惠宗元年	二	定宗元年

丁未				後漢高祖仍稱天福十二年	二	二
戊申				隱帝乾祐元年	三	三
己酉				二	四	四
庚戌				三	五	光宗元年
辛亥				周太祖廣順元年	穆宗應曆元年	二
壬子				二	二	三
癸丑				三	三	四
甲寅			國主武那沙使女眞萬豆如高麗獻方物	顯德元年世宗立	四	五 鐵利使來獻馬及貂鼠青鼠皮
乙卯				二	五	六

丙辰				二	五	六
丁巳				三	六	七
戊午				四	七	八
己未			使阿盧太如高麗高麗使來	六恭帝王	九	十鐵利獻土馬遣使如鐵利報聘
庚申				宋太祖建隆元年	十	十一
辛酉			遣使如高麗	二	十	十二鐵利使來請歸附如舊
壬戌			遣黑水阿夫間如高麗	三	十二	十三鐵利使來獻方物

癸亥				乾德元年	十三	十四
甲子				二	十四	十五
乙丑				三	十五	十六
丙寅				四	十六	十七
丁卯				五	十七	十八
戊辰				開寶元年	十八	十九
己巳				二	景宗保寧元年	二十
庚午		黃龍府衛將燕頗殺都監張琚據城拒守	遣女眞施阤漢如高麗貢並請日曆	三	二渤海人燕頗據黃龍府拒守	二十一鐵利使來獻方物並請日曆
辛未				四	三	二十二
壬申				五	四	二十三
癸酉				六	五	二十四
甲戌				七	六	二十五

	1	2	3	4	5	6	7
乙亥	國王烏元明元興元年			八	七	二十六	
丙子	二			太宗太平興國元年	八	景宗元年	
丁丑	三			二	九	二	
戊寅	四			三	十	三	
己卯	五			四	乾亨元年	四渤海人數萬來投	
庚辰	六十月附女眞使上表于宋請助討契丹			五	二	五	
辛巳		琰府王奉宋詔助討契丹		六定安國表至因女眞使賜以詔書又賜琰府王詔助討契丹	三	六	

壬午				七	四	成宗元年
癸未				八	聖宗統和元年	二
甲申				雍熙元年	二	三
乙酉				二	三	四
丙戌				三	四	五
丁亥				四	五	六
戊子				端拱元年	六	七
己丑	定安國王子因女眞使獻方物于宋			二定安國王子附獻馬雕羽鳴鏑	七	八
庚寅				淳化元年以烏惹不通朝貢詔女眞攻之斬一級給絹五匹	八	九

辛卯		宋使女眞攻我		二	九	十	
壬辰				三	十	十一	
癸巳				四	十一	十二	
甲午		宋人來賂使叛契丹		五賂烏惹使叛契丹	十二	十三	以烏惹叛告于契丹
乙未		酋長烏昭度與燕頗同侵鐵利	烏惹酋長烏昭度與燕頗來侵	至道元年	十三遣奚王和朔奴等討烏惹	十四	
丙申					十四	十五	
丁酉				三	十五	十六	
戊戌				眞宗咸平元年	十六	穆宗元年	
己亥		部人烏昭慶叛入遼		二	十七	二	

庚子				三	十八	三	
辛丑				四	十九	四	
壬寅				五	二十	五	
癸卯		補遣使入貢于遼		六	二十一 補烏惹渤海等五部遣使來貢	六	
甲辰				景德元年	二十二	七	送烏昭慶妻子于遼
乙巳				二	二十三	八	
丙午				三	二十四	九	
丁未				四	二十五	十	
戊申				大中祥符元年	二十六	十一	
己酉				二	二十七	十二	
庚戌				三	二十八	顯宗元年	
辛亥				四	二十九	二	

壬子			國主那沙送烏惹戶白餘于遼	五	開泰元年賜鐵利絲絹復賜佛像一易詩書春秋禮記各一部	三
癸丑				六	二	四
甲寅				七	三	五
乙卯				八	四	六
丙辰				九	五	七
丁巳				大禧元年	六	八
戊午				二	七	九
己未				三	八	十
庚申				四	九	十一
辛酉				五	太平元年	十二
壬戌				乾興元年	二	十三

癸亥				仁宗天聖元年	三	十四
甲子				二	四	十五
乙丑				三	五	十六
丙寅				四	六	十七
丁卯				五	七	十八
戊辰				六	八	十九
己巳	八月大延琳稱帝于遼之東京國號興遼改元天慶			七	九	二十　興遼國大延琳使來告建國興遼國遣寧州刺史大慶翰郢州刺史李匡祿來乞援是歲契丹渤海人歸附甚衆

庚午				八	十	二十一
辛未				九	興宗景福元年	二十二
壬申			遣使如高麗貢獻	明道元年	重熙元年	德宗元年鐵刊使來獻貂鼠皮渤海監軍門大道行郎都軍判官高員祥孔目王光祿押司官李南松等來投
癸酉			遣使如高麗貢獻	二	二	二鐵利獻良馬及貂鼠皮

甲戌				景祐元年	三	三	
乙亥				二	四	靖宗元年	
丙子				三	五	二	
丁丑				四	六	三	
戊寅				寶元元年	七	四	
己卯				二	八	五	
庚辰				康定元年	九	六	
辛巳				慶曆元年	十	七	
壬午				二	十一	八	
癸未				三	十二	九	
甲申				四	十三	十	
乙酉				五	十四	十一	
丙戌				六	十五	十二	
丁亥				七	十六	文宗元年	
戊子				八	十七	二	
己丑				皇祐元年	十八	三	

庚寅				二	十九	四	
辛卯				三	二十	五	
壬辰				四	二十一	六	
癸巳				五	二十二	七	
甲午				至和元年	二十三	八	
乙未				二	道宗清寧元年	九	
丙申				嘉祐元年	二	十	
丁酉				二	三	十一	
戊戌				三	四	十二	
己亥				四	五	十三	
庚子				五	六	十四	
辛丑				六	七	十五	
壬寅				七	八	十六	
癸卯				八	九	十七	
甲辰				英宗治平元年	十	十八	

乙巳			二	咸雍元年	十九	
丙午			三	二	二十	
丁未			四	三	二十一	
戊申			神宗熙寧元年	四	二十二	
己酉			二	五	二十三	
庚戌			三	六	二十四	
辛亥			四	七	二十五	
壬子			五	八	二十六	
癸丑			六	九	二十七	
甲寅			七	十	二十八	女眞世祖劾里鉢元年
乙卯			八	大康元年	二十九	二
丙辰			九	二	三十	三
丁巳			十	三	三十一	四
戊午			元豐元年	四	三十二	五

己未				二	五	三十三	六
庚申				三	六	三十四	七
辛酉				四	七	三十五	八
壬戌				五	八	三十六	
癸亥				六	九	三十七	
甲子				七	十	宣宗元年	
乙丑				八	大安元年	二	
丙寅				哲宗元祐元年	二	三	
丁卯				二	三	四	
戊辰				三	四	五	
己巳				四	五	六	
庚午				五	六	七	
辛未				六	七	八	
壬申				七	八	九	肅宗頗剌淑元年
癸酉				八	九	十	二

甲戌			紹聖元年	十	十一	三 八月肅宗卒穆宗盈歌元年
乙亥			二	壽昌元年	獻宗元年	二
丙子			三	二	肅宗元年	三
丁丑			四	三	二	四
戊寅			天符元年	四	三	五
己卯			二	五	四	六
庚辰			三	六	五	七
辛巳			徽宗建中靖國元年	天祚帝乾統元年	六	八
壬午			崇寧元年	二	七	九
癸未			二	三	八	十 十月穆宗卒
甲申			三	四	九	康宗烏雅束元年

乙酉				四	五	十	二
丙戌				五	六	睿宗元年	三
丁亥				大觀元年	七	二	四
戊子				二	八	三	五
己丑				三	九	四	六
庚寅				四	十	五	七
辛卯				政和元年	天慶元年	六	八
壬辰				二	二	七	九
癸巳		補偕鐵利同歸女眞	補偕烏惹同歸女眞	三	三	八	十 補烏惹鐵利來歸
甲午				四	四	九	十
乙未				五	五	十	女眞太祖阿骨打建國號曰金改元收國
丙申				六	六	十一	二

渤海國記下　六十四　遼海叢書

渤海國記下篇

稼翁叢中甫先生余友而師者也余以光緒中葉試兵曹儆史識先生於職方司縕袍狐貉儕輩中獨承青睞鼎革後先生以史職居故京暇輒託筆硯作經世事渤海國記其最後者之一也書都三篇殺青未竟遽歸道山廉吏鮮遺金諸郎且少不更事得往日二三知交舉是書并詩筆續集等代詩刊版屬余服檢校役已事不揣孤陋勉爲整比之體裁論斷一仍舊貫不敢闌入片言祇管見錐指有爲補助者無多處原闕者覓補之覓也不得則存疑以待臧事既周命甯兒錄爲清本彼將遊嶺南悤悤爲此時馬兒年九月也竊按道東夷之人事顧亭林輯皇明修文備史數十種內魏東洲煥九邊考言永樂元年金裔野人頭目來朝悉境歸附置奴兒干都司一置建州毛鄰等衛一百八十有四又謂建州毛鄰則渤海大氏之遺裔云寬按遜朝啓運建州仍稱金國徵梵竺之瑞號又稱滿洲滿洲梵言具云曼殊室利或文殊師利滿珠習禮華言妙吉祥亦云妙德爲古昔佛

菩薩號清太祖始基以西域奉表有此徽稱遂取以爲建國之號非東方原有之國地名此遜朝先世萌蘖於渤海者甚顯著太祖御諱某實本之奴兒干都司其氏愛親覺羅似又有來自新羅之遠因蓋滿洲人往往自著其屬籍曰三韓曰雞林杜氏通典云三韓後漢時通一馬韓二辰韓三弁韓北史新羅本辰韓考新羅處渤海國之南與高句麗百濟比鄰共稱三國朝鮮金富軾三國史記引新羅人崔致遠語謂馬韓則高麗卞韓則百濟辰韓則新羅是滿洲人署籍三韓有合於新羅者也又三國史記載漢明帝時新羅脫解王以王城之西始林樹間有雞鳴金櫝之瑞而得子於是改始林爲雞林且以爲國號迨晉懷帝時基臨王復號新羅舊唐書新羅傳龍朔三年詔以其國爲雞林州都督府是署籍雞林亦合於新羅者也新羅王金其姓王城曰金城其國內又別有伽羅城遜朝之愛新覺羅愛新國語金也覺羅舊亦作交羅無定字求之雙聲疊韻頗與伽羅近似其

或發源於此乎帝室遺族入民國漢籍者多爲金氏其義實譯自愛新若完顏氏之國號金則互見金史本紀地志一以爲猒勝遼鐵一以爲由於按出虎水辭旨游移彼此各異近人考究族姓或有爲遠祖金天氏之說者愚竊以爲金源及愛新其始宜皆出於新羅舊國也反言之則新羅二字又極似愛新覺羅四字之省變何以故菩薩具云菩提薩埵而閻魔羅社則省云閻羅佛本佛陀僧實僧伽乃至耶穌之基利斯督省稱基督外國語例此者多不勝書合而觀之斯遜朝帝室臣民近則爲渤海故國之遺黎溯其本源當是遠起於漢代之新羅金氏未可便以金源舊部目之矣交通始於漢故稱中國爲漢人日本唐時通呼中國曰唐人是亦一證惟茲事體大前人似未論及甕天蠡海所見如此未敢自信也曩曾執問稼谿稼谿沈吟未遽答後此竟永別矣渤海國記校畢連類書此庚午重陽奉寬識

渤海國記校錄

遼陽金毓黻撰

往聞黃申甫先生撰渤海國記已成浼人求之不能得未幾先生下世遲至今秋始由涂子厚學使處求得之蓋先生在日尚未寫定頃由鮑先生奉寬輯成猶未爲定本也毓黻所輯渤海國志長編印已過半而先生之書適來取而互勘如謂康王嵩璘應從日本史作文王欽茂之孫以中有元義華璵二世爲可疑玄錫諲譔二世之間由唐會要考得瑋瑎一世定渤海諸王爲十五世皆屬闇合大者如此則其他可知矣然與拙作亦時有異同如謂遼陽爲渤海之中京顯德府爲沿遼史之誤稱玄錫曰景王諲譔曰哀王稱唐曆家徐昂爲渤海人則誤信黃義敦朝鮮歷史所致若此之類不一而足茲擷其要别爲校錄其於先生附爲諍友壤流之助殆謂此乎癸酉嘉平校竟自記

渤海太祖高王大祚榮　注太祖之稱從海圓黃義敦朝鮮歷史

上二

按近人黃義敦撰朝鮮歷史爲朝鮮各學校之教本書中稱大祚榮曰渤海太祖殊爲無據不可從也

五代會要聖歷中稱臣朝貢新舊書未載故不取　上二注

按申甫先生之說是也

冊府元龜百七十一作招慰靺鞨渤海郡王大祚榮疑是時高王已自稱渤海王也　上二注

按玄宗先天二年始封祚榮爲渤海郡王絕無於封前自稱渤海郡王之理冊府元龜所紀自後溯前故以靺鞨渤海郡王稱之又此文見原書卷一百七十此作百七十一誤

五代會要唐中宗號渤海部曰忽汗州封渤海郡王疑中宗實有是命使未達故玄宗補加冊命　上二注

按會要所紀之中宗蓋爲玄宗之誤中宗之世雖有遣張行岌招慰不得達之事然即以爲實有册命則失之矣

武王元年選生徒六人入唐太學肄業 玉海 上二

按玉海云開元二年令生徒六人入學新羅七人開元二年即高王祚榮十七年也此謂爲武王元年事殊誤

文王三十九年遣史都蒙弔王妃之喪 注日本廢后井上內親王以先一年卒王妃之喪疑指廢后言 上五

按日本光仁天皇覆渤海王書云禍故無常賢室殞逝又續日本紀云弔彼國王后喪此皆指弔文王之王妃喪而言語意甚明若謂弔日本王妃喪則誤矣

黃義敦朝鮮歷史大仁秀南略新羅邊境北滅越喜挹婁鐵利率賓拂涅諸國又踰黑水掃平海北諸部國勢中興 上七注

按新唐書渤海傳謂仁秀頗能討伐海北諸部開大境宇又遼史

地理志謂仁秀南定新羅北略諸部開置郡縣黃氏義敦蓋因此數語而推衍之非別有考獲也

渤海景王大玄錫　注景王謚從朝鮮歷史年表　上八

渤海哀王大諲譔　上九

謚哀王　注朝鮮史年表　上十

按注所云朝鮮歷史年表朝鮮史年表即黃氏義敦朝鮮歷史所附之年表也黃氏所稱景王哀王二謚殊爲無據尋其致誤之由蓋因渤海滅亡之年正爲新羅景哀王之三年東國史略卷一云渤海至景哀王時契丹攻滅之語欠分曉故以景哀二字分屬渤海之二王非其實也余別有說見渤海國志長編

渤海王大瑋瑎　唐會要曰乾寧二年十月賜渤海王大瑋瑎敕書翰林稱加官合是中書撰書意諮報中書瑋瑎繼大玄錫嗣王未審玄錫親疏屬其立卒年事實均不詳　上九

按渤海王大玄錫之後距大諲譔約三四十年若玄錫不如文王欽茂之久世則曆年不應如是之長余撰渤海國志長編經吳向之先生之指示已將大瑋瑎敍入玄錫諲譔二世之間又自翰苑羣書中檢得一條亦與此同以爲得未曾有矣而先生書中亦徵引及之可謂不謀而合亦可見先生用心之密矣

十八年契丹陷我顯德東平二府改顯德爲遼陽府東平爲遼州　上九

按遼史地理志謂遼陽爲渤海中京顯德府遼州爲渤海東平府其說殊誤余別有辯不可從也

徐氏　注徐昂以治大曆名　上十一

徐昂治天曆傳授日本宣明曆　註朝鮮歷史　上十三

按以唐宣明曆傳於日本者渤海國使烏一作馬孝慎也日本三代實錄紀載甚詳別無徐昂之名按新唐書曆志憲宗即位司天徐

昂上新曆名曰觀象元和二年用之據此則徐昂乃唐人之治曆者非渤海人也昂曆行後測驗不合又改撰宣明曆行之此蓋朝鮮歷史誤以造觀象曆之徐昂爲傳宣明曆於日本之烏孝慎故稱之曰渤海人其實非也余考第三版朝鮮歷史已將徐昂之名刪去蓋已審知其誤矣

大虔晃十二年卒　注朝鮮史年表　上八

大玄錫　注朝鮮史年表在位三十一年庚申則爲唐昭宗光化三年也　上八

大諲譔　朝鮮史年表謂嗣立於唐昭宗改元天復之歲則是元年太歲辛酉也　上九

按朝鮮歷史年表所載虔晃玄錫諲譔三世之紀年皆據日本三省堂世界年表羌無依據不可從也余別有辯正見渤海國志長編

西京鴨淥府高麗故地朝貢道也　注案朝貢疑朝鮮之誤箕子王滿之王朝鮮皆朝平壤而平壤於時爲渤海屬境故曰朝鮮道　中五

按滿洲源流考卷十新唐書鴨淥朝鮮道也釋云朝鮮舊譌朝貢應據通考改余檢通考四裔考仍作朝貢與唐書同渤海朝貢於唐之使由上京經中京至鴨淥江上流乘舟順流而下經鴨淥府以出鴨淥江口而至登州以其爲貢使之所經故曰朝貢道也且其時高句驪已滅而王氏之高麗尚未興別無所謂朝鮮可以當之滿洲源流考本爲臆改不謂申甫先生亦有此說所宜訂正者也

文王大興二十年日本太宰帥船王來聘　注日本史船王傳作寶字初故係於此　下八

按大日本史船王傳寶字初船王以帷薄不修不得立廢帝淳仁天皇即位是歲遣渤海使還奏唐亂船王時爲太宰帥奉詔與大貳吉

備眞備議沿海備此事已見續日本紀天平寶字二年九月小野田守歸自渤海奏唐國消息是即廢帝即位之歲亦即渤海文王大興二十一年也小野田守乃日本國使非太宰帥所遣亦非在寶字初其誤宜訂正

大諲譔七年陷我鐵利府十八年陷我遼陽城尋又陷我東平府改爲遼州　下十五

按本書地理章謂鐵利府本黑水靺鞨在夫餘府之北又謂東平府位於渤海中京東北境據此則渤海上京未陷之前不容先陷鐵利東平二府前後乖舛是宜正之又遼陽城不必屬於渤海亦應存疑待考

自稱定安國立大祚榮裔孫烈萬華　注朝鮮歷史　下十七

按宋史外國傳定安國爲馬韓之種爲契丹所攻破糾合餘衆保於西鄙建國改元開寶三年其國王烈萬華因女眞使入貢謂定

安國爲馬韓種雖不足深信然亦無烈華萬爲大祚榮裔孫之説其後國王烏玄明自稱爲渤海遺黎祇可由此證其爲渤海右姓中之一族不得因此謂其國王爲王族也大抵朝鮮歷史所說渤海史事每不免於武斷以不引用爲是

振國王渤海太祖大祚榮天統元年　下三十

按天統年號亦出於朝鮮歷史其與稱祚榮曰太祖同爲無據

始唐武后聖曆二年己亥訖後唐明宗天成二年丁亥傳世十五六閱年二百二十有九　自序

按渤海高王建國於唐武后聖曆元年余據日本史考得之已別有說（詳見渤海國志長編）而此作二年殊誤其國亡於後唐明宗天成元年本書年表上已明言之而序作二年者亦筆誤也又年表以武后久視元年爲高王元年又後於聖曆二年者一年亦屬前後抵牾所宜訂正者也

校錄終

渤海國記勘誤表

卷	頁	行	字	誤	正
上	一	五	一一	甲	癸
上	一	五	一二	戊	未
上	一	五	一八	癸	甲
上	一	五	一九	未	戊
上	一	五	二一	癸	甲
上	一	五	二二	未	戊
上	一	五	二三	甲	癸
上	一	五	二四	戊	未
上	五	二六	一四	羲	義
上	六	二二	六	三	四
上	八	一三	一七	玄	宣

上	一二	二	一四	護	輔
上	一二	一四	二三	于	府
上	一二	一四	二四	府	于
上	一四	一二	雜字下		脫識字
上	一四	一四	一	識	衍文
中	一〇	一四	四	置	川
中	一〇	一四	四	川	置
中	一一	一八	二一	京	寧
中	一一	一八	二一	寧	京
中	一一	二六	一八	泉	麗
中	一一	二六	一八	麗	泉
中	一八	七	一〇	和	元
中	二一	一二	公字下		脫見字

勘誤表

中	二一	一九	二三	至	正
中	二五	六	二四	勛	勖
中	二五	六	二六	勛	勖
下	四	一六	一八	卯	茆
下	四	一六	一九	貞	壽
下	四	一六	二〇	壽	貞
下	五	一一	一五	四	三
下	七	二三	一一	暇	蝦
下	一七	五	一一	遺	遺
下	一七	二五	二六	金	其
下	二〇	二三	八	開	太
下	二〇	二三	九	泰	平
下	二三	一〇	二〇	千	十

下	二四	五	賜字下		脫渤字
下	二七	四	六	殫	憚
下	二七	五	滅字下		脫渤字
跋	一	四	四	遞	遽

渤海國記年表勘誤表

頁	欄	格	行	字	誤	正
三四	四	五	一	一	二	三
四一	九	五	二	四	元	年
四三	二	三	五	一	銀	錦
四三	二	三	一一	一	縣	緜
四九	一五	二	一	三	二	三
四九	一六	二	一	三	三	四
四九	一七	二	一	三	四	五

五六	一〇	五	一	一二	三
五六	一〇	六	一	一五	六
五六	一〇	七	一	一六	七
五六	一一	五	一	一三	四
五六	一一	六	一	一六	七
五六	一一	七	一	一七	八
五六	一二	五	一	一四	五
五六	一二	六	一	一七	八
五六	一二	七	一	一八	九
五六	一五	六	一	一十	一一
五八	一五	五			脫二字

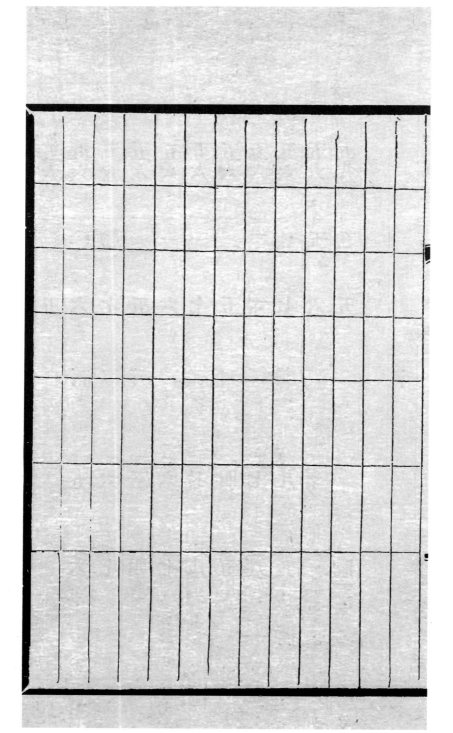